U0111825

大展好書　好書大展
品嘗好書　冠群可期

大展好書　好書大展
品嘗好書　冠群可期

格鬥術 4

徒手擒拿
格鬥術

周直模　主編

大展出版社有限公司

《徒手擒拿格鬥術》編委會

主　編：周直模

副主編：趙　斌

編　委：張茂于　張　勇　李富兵

　　　　李　軍　李春雷　彭鳴昊

　　　　應　磊　吳寶元　陳愛蛟

前 言

　　我自幼酷愛武術，11歲隨鍾俊之老師、周開臣老師學習火龍拳，系統掌握峨眉派黃林門火龍拳，精通火龍拳套路。1975年人成都體育學院學習武術，繼承了鄭懷賢、王樹田、蘭素珍、肖應鵬、習雲泰、鄒德發、郭洪海等前輩的武術精粹。自1978年留校任教以來，我一直從事套路、散打教學與訓練三十餘年，對中國武術理解較深。

　　然而，近些年來，在中國武術世界化發展的進程中，出現了很多問題，其中最重要的是「去技擊化」問題。武術從產生開始，它就是運用於實戰搏殺的技擊術，技擊屬性是其本質屬性。如果任由中國武術「去技擊化」形式發展下去，早晚有一天我們留給後代的就只有「中國武術」這個名詞和符號了。

　　因此，結合我幾十年習武心得、體悟和教學經驗，我想編寫一本反映中國武術本質屬性的書籍供廣大習武愛好者參考，以便他們更深人更全面地瞭解中國武術，於是，就組織編寫了這本徒手擒拿格鬥術。

　　本書主要以實踐為主，重在技術學習與教學方法。其目的是將徒手擒拿格鬥技術進行歸納與總結，

以便擒拿格鬥運動走進人們的生活，被越來越多的人群所接受。

本書從擒拿格鬥的實戰姿勢、打擊技術、踢擊技術、摔法技術、拿法技術、防守技術及實戰應用等幾個方面進行闡述。每個部分選取的技術動作在擒拿格鬥中具有代表性並能運用實際的日常生活中，其內容不光細緻地講解動作的練習方法，同時也講解了教學方法，方便大家學練與提高。

本書最大特點就是去除了擒拿格鬥在生活中的神話傳說，摒棄擒拿格鬥在人們腦海中的傳神作用，讓其貼近生活能為普通人所用。閱讀此書不僅能學會、掌握擒拿格鬥技術而且還能幫助教學之用。

本書首次公佈本人集幾十年的經驗所總結出的技法「步陣圖」，在教學和學習中應用此圖，不僅可以很清晰地看清動作路線，而且能簡單的理解動作的發力方向。

書中涉及的內容較多，難免會有紕漏之處，還希望廣大武術愛好者和同仁們多提寶貴意見！

周直模
於成都

目 錄

第一章　徒手擒拿格鬥術概述

徒手擒拿格鬥術是以身體各部位作為武器，在不使用任何器械的前提下，運用踢、打、摔、拿等方法戰勝對手的綜合性實用技術。

第一節　徒手擒拿格鬥術的概念及其分析

概念是人們對客觀事物認識的總結，是反映對象特有屬性或本質屬性的思維形式。任何科學認識的發展，都是由各種概念來加以總結和概括的。只有明確概念，才能做出恰當的判斷，才能做出合乎邏輯的推理，才能獲得正確的認識；要使概念明確，就必須給概念下科學的定義。

邏輯學給概念下定義的最常用的方法是「屬＋種差」法，即被定義項＝種差＋較臨近的屬概念。屬和種本是生物學上的概念，是生物分類「界、門、綱、目、科、屬、種」系列中的最後兩位。屬是相對於被定義項的更大一級的範疇，種是屬的下位概念。屬概念在高一個層次，種概念在低一個層次。

我們對徒手擒拿格鬥術的概念進行定位，首先要做的是確定這個概念的上位概念，那麼，對於徒手擒拿格鬥術來說其上位概念應該是：搏擊術。

搏擊術是運用一切手段達到克敵制勝目的的專業技術。透過上位概念分析可以知道：徒手擒拿格鬥術的技術內容來自於搏擊術（我們這裡的搏鬥技術不僅僅是中國武術，而是指人類都具有的原始的技擊動作，是世界的搏擊技術）。不同的是搏擊術不講究方法，運用一切可以運用的手段，當然包括了使用器械。而我們的徒手擒拿格鬥術首先強調的是徒手，就是說首先排除掉了使用器械這一項。其次，既然是徒手，那麼有一些相對難度較大的動作技術我們也不採用。因此，比較徒手擒拿格鬥術和搏擊術，前者的技術內容範圍要比後者小。

透過大量文獻資料的分析結果顯示，徒手擒拿格鬥術的同位概念以下幾個相對符合要求：

①《擒拿與反擒拿》把擒拿的概念定義為：擒拿是武術的主要技擊方法之一，它是在徒手格鬥中利用人體主要關節的活動規律和要害部位的弱點，以及不同的穴位，拿（或擊打）其一點（或多點）而制全身的一種技術方法。

②《格鬥》把格鬥的概念定義為：格鬥是以踢、打、摔、拿、擊、刺等技擊動作為主要內容，按攻防進退等規律進行的以克敵制勝為目的的實用技能。它具有悠久的歷史和廣泛的群眾基礎，是中華民族的一項寶貴文化遺產。

③《警用格鬥擒敵術》把徒手格鬥擒敵術的概念定義為：徒手格鬥擒敵術是利用人體各個部位的功能、力量，靈活地運用一定的方法、戰術戰勝制服敵人的一種綜合性攻防技術，是人們強身健體、防身自衛的一種運動和公安保衛人員必備的一項專業技術，具有獨特的擊打方法和技

術特點。

④互聯網有一篇博客文章對擒拿格鬥的定義是：擒拿格鬥是由踢、打、摔、拿結合進、退、閃、躲等身法，攻防結合的一門綜合性實用技術。

⑤《實用擒拿法》中把擒拿術定義為：擒拿術是根據人體關節的活動規律及擊打掐拿要害部位的生理特點，以反、錯關節為主要手段，剛柔相濟、以巧取勝的一種技擊實用技術，具有豐富的內容和深奧的哲理，是勞動人民在長期的社會實踐中與自然搏鬥時總結出來的戰鬥之法、搏擊之法。

⑥《擒拿格鬥技術》中把擒拿格鬥技術定義為：擒拿格鬥技術是指公安幹警和保衛人員在執行任務時，遇到不能或不准開槍的情況下與敵搏鬥，根據人體關節的活動規律、要害部位的生理機制和薄弱環節的特點，以快速多變的動作，制止犯罪、擒獲罪犯和進行自我保護的一項專業技術。

由對徒手擒拿格鬥術的上位概念和同位概念分析可知擒拿格鬥術的概念內涵：

第一，徒手擒拿格鬥術是一種由動作方法經過學習和訓練形成的對敵技術；

第二，徒手擒拿格鬥術是在徒手的情況下對敵的實用技擊技術的整體集合；

第三，既然是徒手，就講究「人身處處皆武器」，頭、肩、肘、手、臀、膝、腳每一個部位都可以作為一種自身攜帶的武器在對敵時應用；

第四，我們所講的徒手擒拿格鬥術融合了世界搏擊技術的內容和理念，去掉了技術難度大、不易學習的內容，對那些技法簡單、實用性強的技法進行重新整合，更大眾化。它不僅僅是中國武術本質的體現，也是世界搏擊術的精華。

《辭海》中「徒手」的解釋為：空手，不使用任何器械。擒拿術，《辭海》中的解釋為：一種用反關節、點穴等方法使對方不能再反抗的拳術。格鬥，《辭海》中的解釋為：激烈的搏鬥。

透過以上分析我們可以給徒手擒拿格鬥術的概念做以下定義：徒手擒拿格鬥術是以身體各部位作為武器，在不使用任何器械的前提下，運用踢、打、摔、拿等方法戰勝對手的綜合性實用技術。

第二節　徒手擒拿格鬥術的起源與發展歷史

徒手擒拿格鬥術是中國武術攻防格鬥本質的體現，是各種實用技擊技術的集合，同時也是對現今世界各種實用搏擊術的重新整合。徒手擒拿格鬥術有悠久的歷史和廣泛的群眾基礎，它在人類生產勞動中產生並在人與人徒手搏鬥的古代戰爭中發展，逐漸形成了完備的技術體系。徒手擒拿格鬥術發展到今天，經歷了以下幾個階段。

一、人與獸鬥產生了簡單的擒拿格鬥術

馬克思主義認為，人類的生產勞動是最基本的實踐活

動。它決定了人類在人類社會中的一切活動。當然徒手擒拿格鬥術的產生也是由人的生產勞動所決定的。在原始社會，「人民少而禽獸眾」《韓非子・五蠹》。當時生產工具簡陋，龐大而兇猛的野獸對人類祖先的生存是一個巨大威脅。人們為了生存不得不從事採集和狩獵活動，最原始的生產活動積累了豐富的與野獸和自然鬥爭的經驗，他們經由原始鬥爭戰勝兇猛、龐大的野獸來滿足人類生存和生活的需要。

在整日與野獸鬥爭的環境中，迫使人類不斷地改善自己的體力和智力，並在集體勞動過程中發展徒手或使用簡單武器的攻防格鬥技能來捕捉「活物」的能力，這些原始的攻防格鬥技能是十分簡單的。然而，在這種生存競爭中的拳腳技擊技能的攻擊方法成為最初的、最簡單的擒拿格鬥技能，是當今徒手擒拿格鬥術的萌芽。

二、古代氏族戰爭促進了擒拿格鬥術的發展

原始人的生存競爭固然是徒手擒拿格鬥術萌芽產生的因素，而人與人鬥則是徒手擒拿格鬥術發展進步的直接原因。氏族公社時代，當一個部落的財富刺激了另外一個部落對財富的貪婪慾望時，部落之間使用武力成為掠奪財富與反掠奪的一種主要手段。因此，部落之間，便經常發生爭奪。如黃帝與蚩尤「戰於鹿野之阿」（《逸周書・嘗麥》）；「黃帝與炎帝戰於阪泉之野」（《史記・五帝本紀》）。

以後，武器也伴隨著人類社會戰爭的出現而不斷地

發展。武器的發展促使戰鬥日益激烈，有時，一個人要對付好幾個人。一旦武器脫手，就要徒手搏鬥，使用拳打腳踢，有時還要空手對器械。這就要求戰士們一定得掌握很好的徒手攻防技能。經過實踐檢驗並自覺運用的這些攻防技能，在長期的實踐中不斷得到繼承和發展，擒拿格鬥技術開始初步形成。

三、冷兵器時代的軍事戰爭形成了較為完整的擒拿格鬥術

冷兵器時代，由於士兵的體力、體能和搏擊技術是一支部隊戰鬥力的體現，他們在很大程度上是決定戰爭勝負的關鍵因素。

因此，中外歷代統治階級，無不把那些與戰爭緊密相關的搏擊等項目作為軍隊訓練的重要內容。如古代的「武舉制度」「以武選才（材）」等這些內容，是人類戰爭中血的教訓和成功經驗的積累，進而得到不斷地創新和發展。在某種意義上說，古代戰爭和軍事行動，極大地刺激了格鬥技能的成熟和發展。

商周時代，軍事鬥爭更為激烈，不但促進武器從簡單到複雜，由單一向多樣化發展，而且大大地促進了實用格鬥技術的發展和提高。

到了春秋戰國時期，鐵器登上了歷史舞臺，人類鬥爭的武器得以極大的改進，從而使鬥爭的內容、方法更加豐富。此時「相搏」已經相當普遍，攻防格鬥技術被人們所重視。這個時期，為使格鬥技藝得到交流，每年春秋兩

季天下武藝高強的人都雲集在一起進行較量。《管子‧七法》記述，「春秋角試……收天下之豪傑，有天下之駿雄」。此時，「搏擊」或者「手搏」已基本形成，對技術中的攻守、進退、內外、虛實、動靜等矛盾的辯證關係，也有了較為系統的研究。

秦統一後，人民在較長時間處於相對安定的狀態，這為格鬥逐步由單純軍事技能向競技方向的發展創造了條件。角抵、手搏、擊劍等競技項目相繼出現。漢代角抵已非常盛行，群眾非常喜愛，格鬥攻防技術有了較大發展。從各種資料看，漢代格鬥技能已發展為兩大類別：一類是具有攻防格鬥作用且實用性較強的技術動作，它緊緊圍繞軍事技術的發展而發展；另一類則是適應表演需要，把攻防技術反覆加工提煉而逐步形成的套路技術，後來逐漸形成了現代武術。

唐代，格鬥技術有了進一步發展，軍隊把它作為戰場殺敵的主要手段，民間把它作為強身健體的訓練方式。實行了武舉制，用考試辦法選拔武勇人才。

到了宋代，尚武的社會風氣促進了武術的發展。民間練武，有「社」的組織，群眾自願結社，這就為武術的交流、傳授、發展創造了有利的條件。宋朝時期是攻防格鬥技能的大發展時期。

在元代時期，統治者為防止人民反抗，一方面在軍隊裡開展騎、射、摔跤等項目，以保持部隊的精銳；另一方面對民間武術活動又做了一定限制，以防反抗。儘管如此，民間武術仍然向前發展。

明、清時期，格鬥技術又有了進一步發展，形成了各種武術流派。各派將實用的攻防技術融匯於套路之中，大量的攻防技術透過各種套路保存下來。同時，套路又為攻防格鬥提供了熟練的技術「散招」。

武術作為軍事技術、健身活動及表演技藝的作用，在明代更為人們所認識。在這裡面，包括有徒手，以及長兵、短兵、軟兵等器械，這意味著反映武術技擊功能的徒手擒拿格鬥術已經規範化了。

清代出現了不少民間練武的「社」「館」組織。各館之間經常比武較量，發展武藝，「打擂」在民間廣為流傳，諸如節日集會，擂主在公開場合搭擂臺，迎戰挑戰者。

四、近現代以來武術的整理與研究促進了擒拿格鬥術體系的形成

民國時期，民間出現了武術社、武術會、體育會等武術組織，其中以上海「精武體育會」最為著名。1928 年南京成立「中央國術館」後，相繼有 24 個省市建立了國術館，縣級國術館達 300 餘所。近現代以來，徒手擒拿格鬥對抗技能的發展出現了三種形式：一是作為現代競技體育專案規則化後的散打運動及其他搏擊術；二是作為民間傳承的各種攻防技擊術；三是世界各國作為特種部隊、武裝員警訓練科目的軍警格鬥術。

徒手擒拿格鬥術發展到今天，已經成為有著豐富技術體系和文化內涵的龐大系統。本書主要內容是把中國武術

中最原始、最直接、最簡單易學的技法加以整理，並綜合世界各種搏擊術，重新整合而成，為更好地繼承和發揚人類的徒手搏擊技能服務。

第三節　徒手擒拿格鬥術的特點和作用

中國武術源遠流長，博大精深，是我國勞動人民在長期的生產勞動實踐中創造和發展起來的，技擊是中國武術的核心技術，是武術區別於其他體育項目的根本特徵所在。在武術的發展過程中，逐漸與傳統文化相融合，與傳統醫學、玄學相交叉，形成了融技擊、表演、娛樂、教育等功能於一體的中國武術體系。

因此，每當談到武術，很多人都會自覺不自覺地忽略武術的本質特徵——技擊，徒手擒拿格鬥術是中國武術技擊精華的現代再現。因此，它必將與我們通常所說的武術有所不同，它有著自己的特點和作用，而且特點具體、作用突出。

一、徒手擒拿格鬥術的特點

（一）攻擊要害，攻其不備

徒手擒拿格鬥術在運用時和現在的擂臺搏擊不同，它不是以得分為主要目的，更不是為了觀賞娛樂，它講究出手就指向對方的要害、薄弱部位，招招殺招、招招致命或致傷。人體各部位的肢體和器官是一個有機統一體，各部位的正常活動要其他部位協調配合才能完成。如果某一部

位受到打擊或壓迫，那麼其他部位的功能和活動也將受到一定的阻礙或喪失正常活動功能。這使得徒手擒拿格鬥術的每一個技術方法的運用注重攻擊性，注重動作本身對人體要害部位的打擊力度和方法。

正是因為徒手擒拿格鬥術招招指向對手的要害部位，才使得它具有實用性強的特點。徒手擒拿格鬥術動作很簡單、實用，沒有花架子。

（二）技術多樣，技法靈活

徒手擒拿格鬥術講究以身體各個部分作為攻擊對手的「武器」，人體自上而下有頭、肩、肘、手、髖、膝、腳七個部位可作為「武器」攻擊對方要害，傳統武術中就有「七鋒」之說，講的就是運用人體的這七個部位攻擊對手、保護自己的方法。

人體的每一個環節（部位）都有其不同的活動範圍和幅度，其活動的規律也不一樣，而且每一個環節（部位）的活動都要有相應的環節加以配合，不同環節參與配合的技術動作就不一樣。對於這七個部位來說，每一個部位都有好幾種不同的攻擊方法。

所以，由以上七個部位的攻擊動作和防守動作所構成的徒手擒拿格鬥術的技術動作將是多樣的，運用時機、場合、技擊方法等也是靈活多變的。

（三）以弱制強，以巧制勝

孫子曰：「夫兵形象水，水之形，避高而趨下，兵之形，避實而擊虛。水因地而制流，兵因敵而制勝。故，兵無常勢，水無常形，能因敵而變化者，謂之神。」因此徒

手擒拿格鬥術也看中在各方面條件不利於我方時，注重以弱勝強、以巧制勝。

徒手擒拿格鬥術的技術體系包含四大部分：踢擊技術、打擊技術、摔法技術和拿法技術，其中摔法技術和拿法技術的學習和訓練難度較大。打擊技術和踢擊技術只要能做到快、狠、準、穩，即反應、出招動作要快，用力要狠，擊打要害部位要準，自身心理、身體穩定，就可以以弱制強。而摔法技術和拿法技術就要講究巧，如借力、順勢、避讓等就能以巧制勝。

（四）動作簡單，應用廣泛

徒手擒拿格鬥術的技術動作是依據它的使用目的來進行選擇的。動作結構簡單明瞭，一招一式虛實分明，招式非踢即打，除摔則拿，攻防兼備，動作樸實沒有花架子，每一個招法動作都有一定的目的和作用，非常簡練，不講究動作的舒展大方、飄逸瀟灑，講究的是簡單自然、敏捷靈活。

在與敵的搏鬥中，不是你死就是我亡的時刻，任何一個華而不實的動作都會對自己造成極其嚴重的後果，甚至危及生命。正因為它動作非常簡單，每一個招法動作又有著不同的應用，不同的時機出手有不同的效果，打擊不同的部位，對手的受傷程度也不一樣，所以，徒手擒拿格鬥術的招法應用非常廣泛。

本書所入選的徒手擒拿格鬥術的每一個動作、招法，都是遵循系統性、科學性的原則，從實戰出發，以制敵取勝為目的而編寫的；並按照人體要害薄弱部位的生理特點

以及受外力打擊後的生理反應變化而定的。這就使得徒手擒拿格鬥術具有攻擊要害、實用性強，技術多樣、技法靈活，以巧制勝、以弱制強，動作簡單、應用廣泛等與其他格鬥體育項目不同的特點。

二、徒手擒拿格鬥術的作用

隨著社會的發展，人們生活水準的提高，自衛防身已成為生活的主題之一，徒手擒拿格鬥作為武術中的精華，就成為了人們最好的選擇。

（一）提高戰鬥力，增強勇敢頑強的意志品質

徒手擒拿格鬥術在公安、武警、特種部隊訓練中始終受到廣大指戰員的重視，它是一種行之有效地制敵手段，在公安武警執行各類任務中發揮了巨大的威力。

實踐證明，公安武警戰士熟練地掌握徒手擒拿格鬥術，可以在與敵徒手搏鬥中大顯身手，攻防自如，增強戰勝敵人的自信心，從而達到克敵制勝的目的。

進行徒手擒拿格鬥術訓練不僅能培養迅速、準確、協調、勇敢、頑強的個人戰鬥風格和獨自鬥爭的能力，進而可以透過有效訓練培養機智勇敢、頑強拼搏、不畏強敵的意志品質。

（二）防身自衛，保護生命財產安全

長期系統地練習徒手擒拿格鬥術，可以掌握防身自衛的方法，提高人體的靈活性和對意外情況的應變能力，在遭遇不法分子侵害時，能有效地使用正確恰當的徒手擒拿格鬥術來保護自己或他人的生命財產安全。

（三）強身健體，促進身心健康

由人民千百年來的習武實踐表明，練習武術對身體多方面的機能都有良好的影響，經常練習能起到強身健體延年益壽的作用。

在徒手擒拿格鬥術基本技法裡面，進攻和防守動作，還有跌撲滾翻及協調性等身體素質練習，透過內在呼吸與身體各個器官的協調配合，能增強肌肉的力量，提高機體的柔韌性、伸展性，加大關節的運動幅度，有效發展身體各個方面的機能。

而徒手擒拿格鬥對抗中的判斷、起動、躲閃、格擋或快速還擊等，對人的反應速度、力量、靈巧、耐力都有良好的促進作用。

（四）表演娛樂，豐富文化生活

武術運動具有很高的觀賞價值，同樣作為武術本質屬性的徒手擒拿格鬥術也具有很高的觀賞娛樂價值。

徒手擒拿對抗中雙方激烈的擒拿反擒拿動作，精湛的攻防技巧，逼真的踢打搏鬥場面，敢打敢拼的鬥志都可以給人帶來一種心靈的刺激和美的享受，同時也能給人帶來精神上的激勵。將徒手擒拿格鬥動作和除惡揚善的行俠仗義精神緊密結合在一起，無不體現出本質的武術文化來，更是為人們帶來了強烈的視覺震撼和精神衝擊，極大地豐富了人們的精神文化生活。

第二章　徒手擒拿格鬥術的 教學與訓練

是學生由學習掌握徒手擒拿格鬥術的基本理論、基本技術，以教練員和運動員為主體，採用合理的教學和訓練方法，不斷提高運動的成績和競技能力的一種教學過程。

第一節　徒手擒拿格鬥術的教學

徒手擒拿格鬥術教學和其他體育項目教學一樣，在教師的指導下，掌握擒拿格鬥的基本理論、基本技術及教學與訓練方法。由於擒拿格鬥項目的獨特特點，除與其他項目有共同的特點之外，逐漸形成了自己的特有的教學方法與手段。

一、徒手擒拿格鬥術教學的基本原則

徒手擒拿格鬥術的學習需要兩人相互配合體會發力進而掌握動作要點，這就產生了安全隱患，稍有不慎就有可能帶來巨大的傷害，因此在教學中要堅持以下原則：

（一）從實戰出發，非實戰入手

從實戰出發，就是要用實戰的要求指導和推動訓練，不斷進行大強度和高強度的對抗練習，最大限度地縮小訓

練與實戰的差距，全面提高學生的防衛能力。在教學和實踐中，每一個基本動作，都要從實戰的需要出發，而且要在實戰中去檢驗，一切不符合實戰要求的花架子都應予以糾正。

但是，由於擒拿格鬥自身的特殊特點，基本是一招制敵，本身帶有很大的危險性，如果練習時稍不注意就有可能帶來很大的危險。在練習時儘量不要使用爆發力，練習雙方應做到相互配合。因為判斷擒拿格鬥的動作正確與否是由被拿者的感受來瞭解的，所以當被拿者感受到了一個動作的正確擒拿位置和力度就應該主動告訴擒拿者，以防擒拿者繼續用力。

練習時被拿者千萬不要用抗力，應順著擒拿者的勁力、配合擒拿者的動作，將意外降低至最小程度。因此，在練習時就必須從非實戰入手，時刻注意保護同伴。

（二）注重基礎，貴在實用

要想學會和掌握擒拿格鬥，就要重視基本功和身體素質的練習。如果沒有相當的力量、速度、柔韌以及功力等素質基礎，一些擒拿格鬥的技擊動作就無法完成。注重基礎在整個擒拿格鬥學習中的重要作用，打好堅實的基礎，擒拿格鬥練習就會有事半功倍的效果。學習擒拿格鬥最終目的還是為了應用，在自己的生命和財產以及親朋好友處在危險時刻能有效地發揮它應有的作用——防身自衛。所以在學習擒拿格鬥時要儘量與生活中的場景結合起來。

例如：當敵人用左手抓握或推拍接觸我上體胸部時，我迅速用右手壓住敵人手掌，同時拇指扣緊敵人手掌外沿

小魚際處，其餘四指扣住敵人虎口部位；隨後我手腕外翻，左手配合右手抓住敵人手掌，左右手拇指頂壓敵人掌骨第二、三掌骨，其餘四指合抱敵人手掌，雙手同時向敵人左側下方用力旋壓，同時身體重心前壓，使敵人肘關節強屈，腕關節外旋超過其最大活動範圍，連帶前臂極度外旋而受制。運用擒拿格鬥中的旋壓手法擒拿住敵人，從而保護自己的人身、財產安全。

（三）區別對待，因材施教

由於每個人的身體條件各不相同，有高矮胖瘦之分，身體素質有好壞之差。教師在教學的時候就不能以統一的標準去授課，應做到方法靈活，因材施教。每個人身心發展各有特點，每個人的思想各不相同，這就決定了處理問題的方法也就不同。區別對待，因材施教是擒拿格鬥的重要教學原則之一，它體現在擒拿格鬥教學的各個環節之中；在各個學齡階段，學生生理、心理方面的發展既表現出共同的特點，又表現出個體差異。

在全面調查學生身體、體能情況和健康水準以及綜合分析各種資料的基礎上，既按照學生不同性別分組，又按照健康狀況分組，十分必要。青少年學生的身體發育，在不同的年齡階段有所不同，他們的體形、體能也隨之變化。相同的刺激對體質不同的學生可能導致完全不同的結果，這是由於同一班級學生的體質狀況和健康水準並不相同所致。在擒拿格鬥教學中應創造條件，努力做到根據學生性別、身體發育、體能及健康水準的差異進行分組教學。在分組教學的過程中，主要採用抓中間、帶兩頭的方

法，因人施教。既以體質中等組為準制訂教學計畫，又從各組的實際出發，對體質好的組和體質差的組適當提高或降低要求。分組時，先把班裡較好的和較差的同學分到甲、丙組，如中等水準的人數多，則以其他項目的成績為準進行適當調整，力求各組人數基本相等，這樣才有利於教學任務的完成，促進青少年的身心都能得到正常發展。

在實踐過程中，還要根據學生健康狀況的不斷變化，隨時調整組別，有利於形成你追我趕的競爭氣氛，充分調動學生的自覺性和積極性。因材施教，區別對待的原則，也體現在按學生技能水準的不同情況進行分組教學的實踐中，教師要根據學生技能情況的不同，必須按不同的教學形式進行分組教學，以免在實踐課中出現「吃大鍋飯」的現象。

二、徒手擒拿格鬥術的教學階段

實踐證明：技能、技術的形成和提高，大致包括三個主要階段，即初識動作階段，改進、提高動作階段，運用與鞏固動作階段。這三個階段既反映了人們認識的逐步提高和深化過程，也反映出人們的體質機能在運動過程中不斷提高。

（一）初識動作階段

這是在教一個新動作的開始階段，這一階段的特點，大腦皮質興奮與抑制擴散，處於泛化階段，條件反射聯繫不穩定，內抑制不夠，表現為做動作很吃力、緊張、不協調，缺乏控制力，並伴隨著一些多餘動作和牽強動作。這

一階段教學的主要任務，是使學生建立動作的正確表像和概念，防止和排除不必要的多餘動作和錯誤動作，使學生在反覆練習過程中粗略掌握動作。

在這一階段，應注意動作的主要環節的教學，不必過多地強調動作細節和規格要求。例如別臂壓頭的教學，先讓學生粗略掌握別臂壓頭技術，知道整個動作過程分為上步壓對方肩部、右手按壓對手頭部、鎖肩和壓頭擒住對手。當對手伸手與我握手或抬右手時，我迅速上步，左手從對手右手與身體間穿過，將對手右臂扛於肩上，左臂用力按壓對手肩部；同時右手自下而上至對手頭部枕骨部位；然後身體前傾，左肩前壓，鎖定對手肩關節，同時右手用力按壓對手頭部。不過分要求學生每一個環節都做得很標準，保證學生有足夠的練習時間與重複次數。

（二）改進、提高動作階段

這一階段的特點是大腦皮質興奮與抑制過程處於分化階段，興奮相對集中，內抑制逐步發展鞏固，並初步建立起動力定型，能比較精確地分析與完成動作。

練習過程中，大部分錯誤動作得到糾正，能比較順利連貫地完成完整動作技術，但不熟練，遇到新的刺激，多餘和錯誤的動作還可能會重新出現。因此，這一階段教學的主要任務，是在粗略掌握動作的基礎上，進一步消除牽強、緊張和錯誤的動作，加深理解動作各部分之間的內在聯繫，進而掌握動作的細節，建立動作的動力定型，提高動作的協調性與節奏性，發展學生的體力，使學生能輕快、協調、正確地完成動作。

　　根據這一階段的特點，教師應引導學生在反覆練習的過程中，啟發學生的思維，採用比較、分析等方法，使學生瞭解動作之間的內在聯繫，在保證動作質量的前提下，適當加大運動負荷，以改進和提高動作的品質。

　　教師要善於引導學生在反覆練習的過程中不斷地鑽研、體悟，並且進行及時的監督、糾正與講解，使學生掌握動作的內在聯繫，不僅要知其然，而且要知其所以然。例如：拿法技術中的挑折，不僅要求學生能正確地做出動作，而且要求學生知道發力順序和擒拿部位，最重要的是讓學生明白擒拿的關節及其所在位置。

（三）運用與鞏固動作階段

　　這一階段的特點是大腦皮質興奮過程高度集中，內抑制相當牢固，形成牢固的動力定型。表現為能準確、熟練、省力、輕快地完成動作，並能靈活自如地運用，達到自動化的程度。當然，隨著動作的不斷重複和動作細節的不斷改進，動作的準確、熟練和自動化程度還會不斷提高。但是，如果長期中斷練習，已形成的動力定型就又會逐步消退。因此，這一階段教學的主要任務，是鞏固發展已形成的動力定型，使學生能熟練、省力、輕快地完成動作，並能在各種複雜變化的情況下靈活自如地運用。透過反覆練習，不斷改進和提高動作品質，使動作趨於鞏固和運用自如階段。

三、徒手擒拿格鬥術教學注意事項

　　徒手擒拿格鬥術的教學不同於其他武術項目，它具有

很大的傷害性，稍不注意就有可能帶來傷害，所以在教學中謹記注意事項，杜絕隱患的發生。

（一）準備活動要充分

準備活動是擒拿格鬥教學不可缺少的內容和步驟，它是在較短的時間內集中學生注意力，調動學習積極性，促使有機體儘快地進入工作狀態。

科學合理地安排準備活動，不僅能使學生有效地避免肌肉、韌帶等軟組織的運動損傷，而且還能使學生有效地掌握運動技術、技能，提高基本素質，促進身體的全面發展，所以準備活動的好壞將直接影響學習效果。

適宜而充分地準備活動對基本部分的學習將起到事半功倍的作用。

因此，作為一名合格的從事搏擊訓練的教師，一定要重視準備活動的教學，讓其為基本部分的學習起到保駕護航的作用。

（二）嚴格按規定的條件進行教學（不能使用爆發力）

擒拿格鬥教學品質的高低與教師有著密切的關係。在教學中教師要以身作則，要以對教育事業的熱愛、強烈的責任感來對待擒拿格鬥教學中的每個細節，準確地把握好教材的重點和難點，合理地安排運動量和運動強度，掌握好教學時間，教態應親切和藹、講解生動、示範準確，全面地把擒拿格鬥的知識和技能傳授給學生，以提高擒拿格鬥教學的品質。

擒拿格鬥練習具有很強的危險性，教師要嚴格要求學生按照規定的條件練習，尤其強調不能使用爆發力。

（三）注意保護對方，建立安全意識

在教學過程中，要始終貫徹「安全第一，預防為主」的方針，要把安全教育貫穿於每個學期、每節課、每個動作的始終，教師不僅自身要具有高度的安全意識，同時也有責任和義務教育學生樹立「安全第一」的心理，透過案例教育，及時總結經驗教訓，促使學生安全意識的形成。

（四）注意檢查場地器材，排除危險因素

場地器材的準備是進行擒拿格鬥教學的基本保證，必須在課前按教學要求準備齊全，並逐項進行檢查。如擒拿格鬥教學的實戰課就要對場地、護具等安全設施進行認真細緻的檢查。此項工作可為課堂教學節省時間，為順利安全地組織教學起保障作用。

對運動場地器材的準備是最基本預防安全事故的措施，準備不足是引發安全事故的最主要外部因素，這是可見的，也是可預防的。

加強運動場館和設施的硬體建設，保證好場地器械的良好運轉。平常要加強運動場館和運動設施的建設，這是硬體，應引起高度重視。要做到未雨綢繆，亡羊補牢始終不是解決安全隱患的好辦法。

第二節　徒手擒拿格鬥術的訓練

俗語說「打鐵還需自身硬」，要想擒拿格鬥術的技術能有很好的發揮，良好的身體素質和專項技術訓練是保證。我們將擒拿格鬥的訓練分為專項身體訓練和專項技術

訓練兩個部分，兩者既可作為準備活動練習，也可以作為擒拿格鬥的技術進行練習。

一、專項身體素質的訓練

擒拿格鬥術的應用要有適宜的身體素質為基礎，良好的身體素質是擒拿格鬥術發揮其威力的前提。因此，僅僅學會擒拿格鬥術的基本技術還是不夠的，要想在生活中保護自己免受不法侵害，必須進行身體素質訓練。

擒拿格鬥術的身體素質包括：力量、速度、柔韌、協調性、抗擊打能力等綜合素質。堅持身體素質和基本技術練習，能增強耐力和打擊力量，提高攻防速度，全面提高格鬥技術水準。

（一）專項力量訓練

拳諺說「一力抵十技」「千練萬練，力是關鍵」說的就是習武者力量素質的重要性。力量素質水準的高低會直接影響格鬥技術的掌握和格鬥技能的提高，也影響格鬥技能的動作殺傷力。因此，對於擒拿格鬥術練習者來說，力量的訓練顯得尤為重要。我們把力量素質訓練分為上肢力量練習和下肢力量練習兩種。

1. 上肢力量練習

(1) 各種俯地挺身練習

①俯地挺身：練習者兩手撐地，兩臂貼肋，腰腹緊張，身體上下起伏。一般以每組 20 ～ 30 個為準，初學者可以適當減量，但隨練習時間的增加，俯地挺身的次數也應增加。（圖 2-2-1 ～ 圖 2-2-3）

圖2-2-1　　　　　　　　　圖2-2-2

圖2-2-3

②**五指俯地挺身，拳頭俯地挺身**：基本動作同普通俯地挺身，只是用五指或拳頭撐地。（圖2-2-4～圖2-2-9）

圖2-2-4　　　　　　　　　圖2-2-5

圖2-2-6　　　　　　　　　圖2-2-7

圖2-2-8　　　　　　　　　圖2-2-9

③**擊掌俯地挺身**：練習者兩手撐地，兩臂同時用力向下推上體向上起，同時兩手在胸前擊掌，然後迅速分開撐地，反覆練習。要求胸部不能著地。一般以每組 10 個為準，初學者因手臂力量較差，可適量減少。（圖 2-2-10～圖 2-2-14）

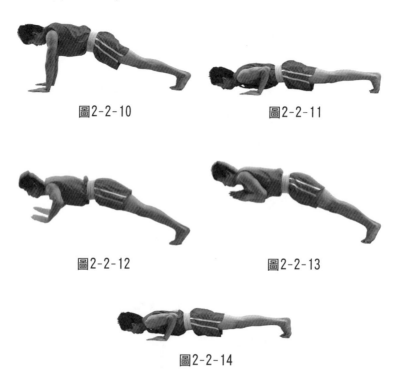

圖2-2-10 圖2-2-11

圖2-2-12 圖2-2-13

圖2-2-14

④**擰把**：把竹子截成 20 公分左右的小節，然後劈成與筷子粗細差不多的細條，把劈成的竹條捆成小捆（粗細以練習者手能夠完全抓握為準）。然後，練習者左右手各執一端，向相反方向擰把。

⑤**倒立撐**：練習者身體靠牆或欄杆呈倒立撐，一般

30 秒鐘或 1 分鐘為一組。初學者可適量減少，隨著練習者手臂力量的增強，逐步增加靜力撐的時間。當練習者練到一定程度時，可以改做倒立狀態下的俯地挺身。（圖 2-2-15～圖 2-2-17）

圖2-2-15　　　　　圖2-2-16　　　　　圖2-2-17

(2) 槓鈴、啞鈴練習

①平推槓鈴：練習者兩腳開立，兩手正提槓鈴置於鎖骨處，然後兩手用力向前平推，反覆練習。（圖 2-2-18～圖 2-2-20）

圖2-2-18　　　　　圖2-2-19　　　　　圖2-2-20

②**臥推槓鈴**：練習者身體躺在板凳上或地面，兩手用力向上平推槓鈴。（圖 2-2-21～圖 2-2-23）

圖2-2-21　　　　　　　圖2-2-22

③**啞鈴擴胸**：兩腳開立，兩手持啞鈴做擴胸運動。

④**握啞鈴衝拳**：格鬥勢站立，兩手持啞鈴做衝拳動作。

圖2-2-23

⑤**馬步推磚**：馬步站立，兩手各持一磚，左右手交替向前推出，目視前方，如此反覆練習。

⑥**引體向上**：正握或反握單槓，身體懸垂，兩臂用力將身體向上拉引，上至頸前或頸後，然後放下成懸垂狀，如此反覆練習（沒有單槓也可以懸垂在門框上練習）。

2. 下肢力量練習

①**負重深蹲**：肩負槓鈴或人，兩腳開立與肩同寬，做深蹲起立動作，反覆練習。要求挺胸、塌腰，下蹲慢，起立快。（圖 2-2-24～圖 2-2-26）

②**跳繩**：單腳跳、雙腳跳。

③**深蹲蛙跳**：兩手背後深蹲，雙腳發力向前或向左、

向右連續跳動，一般每組的個。

④抱人跑、背人跑、扛人跑。

⑤蹲起側踹腿、正蹬、踩腿。（圖2-2-27～圖2-2-33）

圖2-2-24

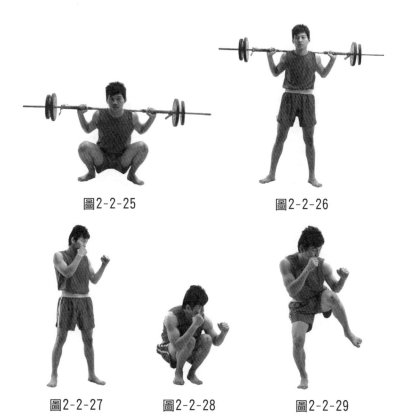

圖2-2-25　　　　圖2-2-26

圖2-2-27　　圖2-2-28　　圖2-2-29

圖2-2-30　　　圖2-2-31　　　圖2-2-32

圖2-2-33　　　　圖2-2-34

⑥靜力蹲椿（馬步椿）。（圖 2-2-34）

3. 腰腹力量練習

①懸垂舉腿：兩手正抓單槓或門框，身體自然下垂，然後兩腿併攏伸直收腹上舉，反覆練習。初學者一般以每組 5～10 個為準，隨訓練程度的加深，可以適當增加練習量。

②仰臥兩頭起：（圖 2-2-35 ～圖 2-2-37）

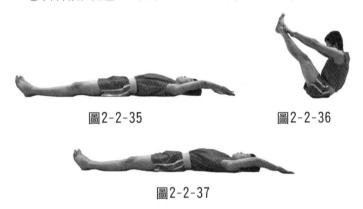

圖2-2-35　　　　　　圖2-2-36

圖2-2-37

（二）專項速度訓練

速度是人體進行快速運動的前提，速度在擒拿格鬥術中表現為三種形式：反應速度、動作速度和移動速度。這三種形式速度素質的綜合能力制約擒拿格鬥術技能的提高和運用，所謂「手快打手慢」說的也是這個道理。

提高速度素質的途徑有很多，下面介紹幾種簡單常用的練習方法。

①**變速跑**：快跑與慢跑交替進行。

②**空擊**：雙手握拳成格鬥勢，以最快的速度進行拳法、肘法、腿法的空擊練習，動作速度越快越好。

③**組合練習**：2 ～ 3 個動作為一個組合，在短時間內完成組合動作。

（三）專項柔韌性訓練

柔韌性是指人體關節在不同方向上的活動能力，以及肌肉、韌帶的伸展能力。柔韌性的好壞直接影響動作完成

的質量，同時也影響動作的殺傷力大小。因此，做柔韌性練習時，一定要先做準備活動，不可操之過急，動作應由輕到重，把人體主要關節部位活動開。下面介紹一些常用的提高柔韌性的方法。

①頸部繞環，手臂繞環，腰部繞環。

②原地或行進間進行擴胸、振臂、體轉和體側運動。

③**壓肩**：兩手扶物或兩人交臂搭肩，兩腿伸直塌腰，上下振動。

④**前俯腰**：並步或兩腳開立，兩臂胸前交叉相抱，上體前俯，抬頭、挺胸、塌腰、收髖、挺膝，身體儘量前俯，反覆練習。（圖 2-2-38 ～ 圖 2-2-40）

⑤**涮腰**：兩腳開立，上體前展，肩臂部放鬆，由下經後向左、向右旋轉。（圖 2-2-41 ～ 圖 2-2-44）

圖2-2-38

圖2-2-39

圖2-2-40

圖2-2-41

圖2-2-42　　　　　　　圖2-2-43

圖2-2-44　　　　　　　圖2-2-45

⑥**跪壓腿**：雙腿腳尖繃直，跪地，臀部坐在腳後跟上，身體後仰至平躺（腳尖要繃直，上體後仰幅度要大）。（圖 2-2-45）

⑦弓步壓腿，仆步壓腿，丁字步壓腿，正壓腿，側壓腿。

（四）專項協調性訓練

協調是身體各部位迅速改變方向和位置的能力，身體的協調性高，可以使我們在格鬥中快速改變攻守轉換動作，做到靈活自如，同時良好的靈敏素質也是提高實戰能力的途徑之一。

①**閃躲**：兩人格鬥勢對面站立，一人做進攻動作，一人根據進攻動作的方向、路線及時準確地進行閃躲。初學者進攻方不要發力，隨著練習的進展，可逐步進行條件實戰類進攻與閃躲練習。

②**閃躲攻擊物**：數人圍成一個圓，中間站一人，周圍人可用拳套或者沙包對圓內人進行攻擊，圓內人進行閃躲。擊中後換人進行，防守者要儘量躲開不被擊中，為提高練習效果，可對被擊中者採取懲罰，如做俯地挺身、縱跳等。

③**閃躲騰挪**：吊一排沙包，讓沙包晃動起來，練習者從沙包間穿行，注意不要被運動中的沙包撞擊。或練習者不停的擊打每個沙包，但要躲開沙包的撞擊。

④**擊移動靶**：持靶同學要靈活出靶，靶形多變，距離多變；擊靶同學要根據靶形、距離選擇動作進行打靶練習。

⑤**一對三條件實戰**：進攻方三個人不要發力，防守方儘量通過各種閃躲避開攻擊，隨練習時間增加，可逐步放開發力進攻。此練習能鍛鍊防守方的反應能力和身體的靈敏性。

（五）擊打與抗擊打能力訓練

1.擊打能力訓練

①**拳、掌、肘、腿、膝擊打沙包**：初學者可每種方法分開練習，隨練習時間增加，可採用進攻組合進行打沙包訓練，注意組合訓練時要上下兼顧、攻防結合。

②**拳、掌、肘、腿、膝擊打樹椿**：方法同上。初學者

可在手、腳部位綁上海綿、布等柔軟
物，然後過渡到直接踢打。

　　2. 抗擊打能力訓練

　　①**倒功**：前倒，後倒，側倒，騰
空前倒。（圖 2-2-46 ～ 圖 2-2-56）

　　②**排打功**：用棍棒或沙袋擊打全
身每一個部位。初學者由輕擊逐漸加
重。

圖2-2-46

圖2-2-47　　　　圖2-2-48　　　　圖2-2-49

圖2-2-50　　　　圖2-2-51

圖2-2-52　　　　　　　　圖2-2-53

圖2-2-54　　　　　　　　圖2-2-55

圖2-2-56

③**雙掌擊腹、拳打頭部**：雙掌擊腹拍擊時要呼氣，手法由輕到重；拳擊頭部時要從戴拳套擊打過渡到不戴拳套。

二、專項技能的訓練

身體素質是基礎，技術是關鍵！戰機一瞬即逝，只有技術熟練，才能在瞬息萬變的對抗中占取先機！在平常的訓練中技術的訓練尤為重要，以下是針對擒拿格鬥設計的專項技術訓練。

（一）初級熱身運動

①**手指手腕**：手放鬆成立掌，手腕順時針繞圈後握拳，然後逆時針轉一圈後變掌。（圖2-2-57～圖2-2-59）

圖2-2-57　　　　　　　　圖2-2-58

圖2-2-59

②**運肘**：雙臂屈肘成 90°，向內、向外繞環運動。
（圖 2-2-60～圖 2-2-62）

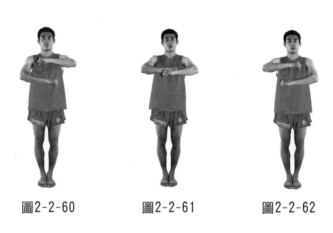

圖2-2-60　　　　圖2-2-61　　　　圖2-2-62

③**肩部繞環**：雙臂伸直，以肩關節為軸，向前、向後繞環。（圖 2-2-63～圖 2-2-66）

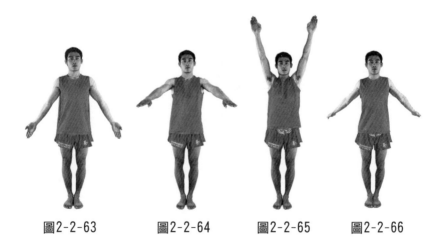

圖2-2-63　　　圖2-2-64　　　圖2-2-65　　　圖2-2-66

④**行進間體轉**：沿身體縱軸左右旋轉，肩關節轉動方向與髖關節轉動方向相反。（圖 2-2-67～圖 2-2-69）

圖2-2-67　　　　　圖2-2-68　　　　　圖2-2-69

⑤**提膝側倒**：提膝後身體左右側倒。（圖 2-2-70～圖 2-2-72）

圖2-2-70　　　　　圖2-2-71　　　　　圖2-2-72

⑥**提膝轉體**：提膝身體左右轉動。（圖 2-2-73 ～圖 2-2-75）

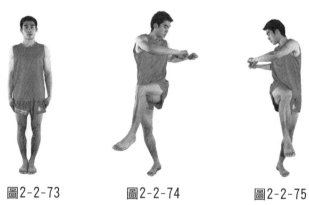

圖2-2-73　　　　圖2-2-74　　　　圖2-2-75

⑦**絆摔轉體**：左腿前伸，身體右後轉的同時，左腿後別（右腿動作同左腿，唯左右相反）。（圖 2-2-76 ～圖 2-2-80）

⑧**雙手上舉過橋**：兩臂上舉，上體後仰。（圖 2-2-81 ～圖 2-2-83）

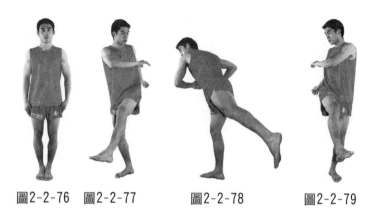

圖2-2-76　圖2-2-77　　　圖2-2-78　　　圖2-2-79

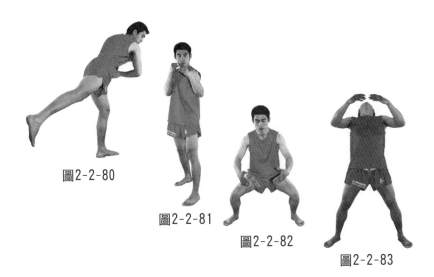

圖2-2-80

圖2-2-81

圖2-2-82

圖2-2-83

⑨夾頸過背：上步轉體，手臂彎曲夾頸，上體前俯過背。（圖 2-2-84～圖 2-2-87）

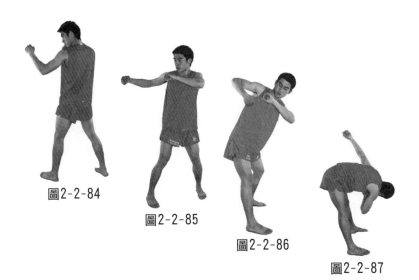

圖2-2-84

圖2-2-85

圖2-2-86

圖2-2-87

⑩**跳轉髖**：上身保持平衡，髖關節隨著腳步的跳轉而轉動。（圖 2-2-88、圖 2-2-89）

圖2-2-88　　　　　　　　圖2-2-89

⑪**騰空轉髖**：身體跳起，在空中完成轉髖的動作。（圖 2-2-90、圖 2-2-91）

⑫**轉髖跑**：身體後仰，髖關節隨著雙腳的擺動而轉動。（圖 2-92、圖 2-93）

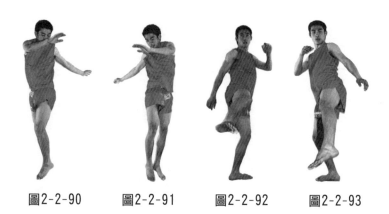

圖2-2-90　　　圖2-2-91　　　圖2-2-92　　　圖2-2-93

⑬**正提膝**：腿屈膝上提，左右腿交替上提。（圖
2-2-94、圖 2-2-95）

圖2-2-94　　　　　　　圖2-2-95

⑭**裡合提膝**：腿屈膝上提，由外向裡擺動。（圖
2-2-96、圖 2-2-97）

圖2-2-96　　　　　　圖2-2-97

⑮**外擺提膝**：腿屈膝上提，由裡向外擺動。（圖2-2-98、圖2-2-99）

圖2-2-98　　　　　　　　圖2-2-99

⑯**裡合提膝＋外擺提膝**：先右腿做裡合提膝，腳不落地，直接做外擺提膝；然後換左腿做裡合、外擺提膝。如此反覆練習，參見圖2-2-96～圖2-2-99。

⑰**裡合提膝＋轉身外擺提膝**：先做右腿裡合提膝，右腳落地，接轉身左腿外擺提膝；然後換左腿做裡合提膝，左腳落地，接轉身右腿外擺提膝。如此反覆練習。（圖2-2-100～圖2-2-104）

⑱**正提膝＋側提膝，裡合提膝，轉身外擺提膝**：先左腿做正提膝，接側提膝，然後接右腿裡合提膝，右腳落地，接轉身左腿外擺提膝。動作完成後，換右腿做正提膝，接側提膝，然後接左腿裡合提膝，左腳落地，接轉身右腿外擺提膝。

⑲**行進間各種踢腿練習**：正踢腿，側踢腿，裡合腿，

圖2-2-100　　　　圖2-2-101　　　　圖2-2-102

圖2-2-103　　　　　　圖2-2-104

外擺腿。

（二）中級輔助練習

①**三步拳法練習**：直拳、擺拳、勾拳、平勾拳。

②**三步肘法練習**：橫擊肘、挑肘、下壓肘。

③**踢法練習**：正提膝；裡合提膝；外擺提膝；裡合、外擺提膝；轉身外擺提膝；側踹腿提膝；左右正提膝＋蹬腿；左右正提膝＋鞭腿；兩次側踹腿提膝＋側踹腿。

④**腿法組合練習**：單腿蹬踹、蹬踹＋鞭腿、蹬踹＋鞭腿＋轉身後擺腿。

⑤**拳擊操**：原地挺胸，上步放鬆做彈拳、貫拳、抄拳。（圖 2-2-105 ～圖 2-2-112）

圖2-2-105

圖2-2-106

圖2-2-107

圖2-2-108

圖2-2-109

圖2-2-110   圖2-2-111   圖2-2-112

（三）跌撲滾翻組合

①側手翻＋搶背（轉身）。這側手翻＋搶背（轉身）＋後滾翻。

②側手翻＋搶背（轉身）＋後滾翻＋後倒。

③側手翻＋搶背(轉身)＋後滾翻＋後倒＋鯉魚打挺。

④側手翻＋搶背（轉身）＋後滾翻＋後倒＋鯉魚打挺＋騰空前倒。

⑤側手翻＋搶背（轉身）＋後滾翻＋後倒＋鯉魚打挺＋騰空前倒＋翻身後倒。

⑥側手翻＋搶背（轉身）＋後滾翻＋後倒＋鯉魚打挺＋騰空前倒＋翻身後倒＋鯉魚打挺。

⑦側手翻＋搶背（轉身）＋後滾翻＋後倒＋鯉魚打挺＋騰空前倒＋翻身後倒＋鯉魚打挺＋側倒（起身）＋勾踢摔。

第三章　徒手擒拿格鬥術的格鬥姿勢

基本準備姿勢又稱格鬥勢、實戰勢、預備勢，它是格鬥時為達到特定目的而採取的特殊步型站位姿勢，是所有擒拿格鬥技術得以有效發揮的基礎，所有的進攻和防守技術均由它而發，格鬥勢的正確與否直接關係到步法的靈活移動、身體位置的調整以及技術戰術的實施。

因此，練習者必須認真地理解和掌握，並在學習每個環節時，都務必做到規範。

第一節　格鬥姿勢的技術特徵

無論是散打、拳擊、泰拳、跆拳道、空手道或其他搏擊格鬥項目，基本準備姿勢的原理和規律是大致相同的，但由於這些項目作為競技體育的形式出現，其技術會受到規則的限制，表現出來的技術特點隨規則的不同存在一定區別。

本書中的擒拿格鬥，一切技術來源於實戰，沒有規則的限制，可運用一切可用方法制服對手。擒拿格鬥的基本準備姿勢中，沒有必須或固定的格鬥姿勢，書中出現的格鬥姿勢為「建議格鬥勢」，練習者可根據自身特點進行調

整，但技術的原則和規律不變。透過對世界範圍內多種搏擊術的研究，我們發現和總結出了合理的格鬥準備姿勢所具備的一些共性，即以下兩個特點。

一、身體重心的移動

身體重心的移動可分為身體移動和步法移動兩大類。當雙腳不發生位移時重心的移動，稱為實戰中的「靜態重心移動」或「主動重心移動」，它是在原地經由身體各關節運動所完成的。當雙腳發生位移時的重心移動，則稱為實戰中的「動態重心移動」或「被動重心移動」，它是由身體的移動帶動重心的移動，被動重心移動大多由步法來完成。

由於擒拿格鬥的技術特點為遠距踢、中距打、近距貼身用摔拿，因此在戰鬥中的大多數時間需要完成動態重心移動，步法就成為重心移動的關鍵。

擒拿格鬥中的步法是銜接準備姿勢、進攻技術、防守技術的紐帶，基本準備姿勢必須適應步法移動的規律，換而言之，在前後左右移動時，什麼姿勢是最利於身體移動的，這種姿勢就是合理的準備姿勢。

格鬥中的敵我雙方之間的距離是不斷變化的，必須根據攻防動作的特點和要求，在不同的時機、距離、條件下不斷而迅速地變換姿勢、移動重心和轉換步法。步法的移動是身體重心移動的重要表象。釐清楚身體重心問題，可以幫助學練者理解和提高技術。身體的重心移動問題，涉及以下三個方面的內容。

（一）「身體投影面」及「重心投影點」問題

在講擒拿格鬥術重心問題時，首先要說明的是「身體投影面」及「重心投影點」問題。所謂「身體投影面」，即固定光源由上向下垂直照射身體，地面所出現的光影面，身體投影面的面積越大，人越穩固。人的最小投影面為雙腳並步站立，最大投影面為躺在或趴在地面上。「重心投影點」，即身體重心沿縱軸垂直向下延伸到地面的位置。當雙腳與肩同寬，開立步站立時重心投影點應在雙腳之間中點附近位置。（圖 3-1-1）

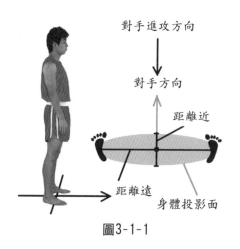

圖3-1-1

位於兩腳之間的身體投影面內，如果重心投影點超出身體投影面，人就會摔倒。如跑步中，前方有塊石頭絆住你的腳，你的上身由於慣性繼續向前運動，身體重心前移超過石頭，人就會摔倒。這一點也是擒拿格鬥中所有技術動作身體重心位置的基本原理和規律。

　　那麼，站立時重心投影點越靠近身體投影面的中心，身體也就越穩固，重心投影點離身體投影面的中心越遠，站立時身體也就越容易動搖。

　　下面具體講解因重心投影點位置變化所產生的三種不同特點的實戰勢。（圖3-1-2）

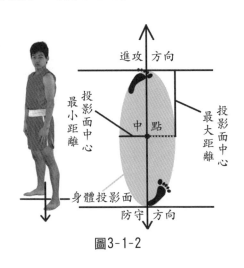

圖3-1-2

　　1. 進攻型準備姿勢重心投影點

　　進攻型準備姿勢是將身體重心放於身體投影面中靠前的位置，發動進攻或前進時，作用距離相比基本型準備姿勢會縮短，時間減少；但防守或後退時，作用距離相比基本型準備姿勢會增加，時間增長。

　　這種準備姿勢相對利於進攻、不利於防守，本書將此種實戰姿勢命名為進攻型站姿。

　　2. 防守型準備姿勢重心投影點

　　防守型準備姿勢將身體重心放於身體投影面中靠後的

位置，防守或後退時，作用距離相比基本型準備姿勢會縮短，時間減少；但進攻或前進時，作用距離相比基本型準備姿勢會增加，時間增長。

這種準備姿勢相對利於防守、不利於進攻。本書將此種實戰姿勢命名為防守型站姿。

3. 基本型準備姿勢重心投影點

基本型準備姿勢將身體重心放於雙腳間的中點，圍繞雙腳中點進行重心的移動，是基本型準備姿勢的主要特點。當準備發動進攻或向前移動時，身體重心可在投影面內圍繞雙腳間的中點向前移動；防守或向後移動時，身體重心可在投影面內圍繞雙腳間的中點向後移動；左右閃避時，身體重心則需在投影面內圍繞雙腳間的中點左右移動。進攻與防守、前進與後退的作用距離和時間相同，優缺點平衡，相比前兩種準備姿勢，更適合初學者學練。

基本型準備姿勢也是其他兩種準備姿勢的基礎，其他兩種準備姿勢都由基本準備姿勢演變而來。練習者應先掌握基本型準備姿勢，當技術水準達到一定程度後，可根據自身特點或戰鬥中的時機、條件，選擇使用進攻型站姿或防守型站姿。

（二）雙腳之間距離及身體重心垂直方向運動問題

在擒拿格鬥中無論使用怎樣的技術，無論做前後左右哪一種移動，只要最後還原成實戰姿勢，雙腳之間的距離在移動前後都應始終保持等長距離，所謂等長距離即標準實戰姿勢兩腳的距離。

例如：運用前滑步技術向前移動，移動前雙腳距離為

50 公分，移動後仍應該保持在 50 公分；如前滑步的重心移動距離為 10 公分，那麼前後腳的移動距離也應該為 10 公分；如前腳移動 10 公分，後腳只移動了 5 公分，那麼兩腳間的距離就會增加到 55 公分，準備姿勢的重心隨即改變。

本書中沒有對標準準備姿勢雙腳間的距離做出明確規定，只是按照黃金分割的原理，將雙腳的最佳距離建議為：身高 ×0.618 ＝腿長；腿長 ×0.618 ＝最佳雙腳距離。我們對不同身高的 100 名從事搏擊項目一年以上的成年人進行了實戰姿勢雙腳間距離的測量，測量結果與該計算方法計算出的結果基本符合。

下面舉例說明計算方法，以 170 公分身高的人為例：最佳雙腳距離＝ 170 公分 ×0.618×0.618 ＝ 64.92708 公分（圖 3-1-3）。

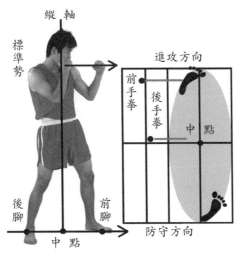

圖3-1-3

　　但該距離並不是絕對距離，按照黃金分割的原理，標準身材的成年人，上身與下身的比例為 1:1.618，身高乘以 0.618 即為腿長，腿長乘以 0.618 即為最佳雙腳距離。但由於個體差異，不同人身體比例不盡相同，該方法計算出的最佳距離只作為教學或自學時的參考，便於練習者理解。練習者可根據該自身身體條件或習慣進行調整，但差距不會太大，一旦找到適合自己的距離，就不要輕易改變，時刻關注自己的動作是否規範，直到形成規範的動作定型。

　　形成動作定型後，可根據實戰的具體情況及對手的體貌特徵等條件，調整雙腳的距離、膝關節的角度以及踝關節的角度，沿身體縱軸垂直升高或降低身體重心，從而形成高位實戰勢、中位實戰勢及低位實戰勢，這就是身體重心垂直方向運動的問題。

　　(1) 中位實戰勢為標準實戰勢，也就是基本準備姿勢的實戰位，雙腳距離應以「腿長×0.618」的距離來界定。

　　(2) 高位實戰勢需在中位實戰勢的基礎上垂直升高身體重心。高位實戰勢多在自己身高占弱勢時運用，由中位實戰勢調整為高位實戰勢時，可利用縮短雙腳間的距離，伸展膝關節或伸展踝關節（腳跟離地、前腳掌支撐）的方法完成。

　　(3) 低位實戰勢需在中位實戰勢的基礎上垂直降低身體重心。低位實戰勢多在自己身高站優勢時運用，由中位實戰勢調整為低位實戰勢，可利用增加雙腳間距離或彎曲膝關節的方法完成。

作為高位和低位實戰勢，本書不做詳細講解。需要注意的是高位實戰勢雙腳距離不得小於肩寬，即不得小於身體投影面，最小距離為與肩同寬。低位實戰勢可根據對手高度自行調整，但膝膕窩彎曲角度不小於135°。

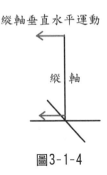

縱軸垂直水平運動

縱　軸

圖3-1-4

（三）身體重心水平移動問題

身體重心水平移動問題也是一個很重要的問題，重心的移動應該保證縱軸垂直並水平運動，即縱軸兩端同時同向等距運動。（圖 3-1-4）

通俗一點講，身體重心的動態移動時，身體儘量避免搖晃，頭、腹、足同時同向等距移動。移動中動作乾淨俐落，縱軸垂直水平運動重心投影點移動路線要求為最短路線，這樣可以減少步法移動的時間，以最快的速度、最短的距離完成進攻或防守技術。

切忌移動中倒換重心，倒換重心會增加重心移動的行程，增加步法移動和出招的時間。運用步法移動身體時，先走上身或先走下身都是錯誤的技術動作，上身與下身應該同時運動，身體縱軸始終保持垂直水平運動為最佳。

二、進攻和防守

前文中已經提到了基本準備姿勢、步法、進攻技術、防守技術四者間的關係，這裡再深入對這四者間的關係進一步進行闡述，並總結出便於進攻和防守的最佳基本姿

勢。（圖 3-1-5）

形成搏擊對抗時，通常是一人對一人，或一人對多人，俗話說一個巴掌拍不響，要形成搏擊對抗，必須由兩個或兩個以上的人才能完成。

圖3-1-5

在搏擊對抗中只有兩個目的，第一是制服對手，第二是不被對手制服。

運用進攻技術可以達到制服對手的目的，而要不被對手制服必須成功使用防守技術。基本姿勢、步法服務於進攻技術和防守技術。合理的基本姿勢必須滿足便於防守、便於進攻兩個條件才能更好地施展攻防技術。

（一）便於防守

合理的基本姿勢應具備對敵面小這一特點，對敵面小有利於防守。（圖 3-1-6）

首先側身雙腳前後站立可有效減少對敵面積，對敵面越小越不容易被對手擊中，如射擊中的槍靶一樣，1 環至 10 環，10 環在靶中面積最小，最不容易被擊中。

其次側身雙腳前後站立有利於控制身體重心，相對雙腳平行站立而言，側身雙腳前後站立可有效增加身體重心在身體投影面內的前後移動能力，使重心的移動更加迅速和穩固，有利於進攻和防守。這一點在步法一章中有詳細說明，這裡不做深入探討。

對敵面要小

圖3-1-6

對敵面

30°

左前方30°左右

圖3-1-7

（二）便於進攻

首先，合理的基本姿勢要符合身體的基本規律（圖 3-1-7）。對於一般練習者來說，其左右肢的力量和協調 能力是不均衡的，絕大多數人右肢力量大於左肢，右肢協 調能力高於左肢。側身雙腳前後站立可揚長避短，充分發 揮身體優勢。如右肢力量大於左肢力量，則站姿為左架實 戰姿勢，左腳前、右腳後站立；相反左肢力量大於右肢力 量，則站姿為右架實戰姿勢，右腳前、左腳後站立。這樣 的站位原則可充分發揮拳腿優勢。

以左架為例，左腳前、右腳後站立，右拳或右腿力量 大於左拳或左腿，右拳或右腿為後手拳或後腿，左拳或左 腿為前手拳或前腿。

前手拳或前腿離對手距離近，可發揮快、準的優勢； 後手拳或後腿離對手距離遠，可發揮狠、準的優勢。雙腳 前後站立的站位方法符合身體規律，能夠充分發揮進攻能

力,使力量較好的一半肢體發揮力量的優勢,力量較差的一半肢體發揮速度的優勢,這也解釋了為什麼所有搏擊項目的基本姿勢都是側身雙腳前後站立的原因。

　　其次,合理的基本姿勢最關鍵要便於進攻技術的施展(圖3-1-8)。以左架為例,前手拳和後手拳的位置應位於進攻路線的兩側並緊貼進攻路線。從理論上講,前手拳、後手拳以及打擊目標不應該在同一直線上,更直觀一點講,前手拳的位置不能位於後手拳的運動路線上,後手拳與打擊目標之間應沒有任何阻擋,這樣出拳才能夠以最短的運動路線和最快的時間擊打到目標物體;前腳與後腳的站位原理與前手拳和後手拳的位置原理相同,前腳的站位位置,不應該阻擋後腳的進攻路線,前後腳應分別位於進攻路線的兩側並緊貼進攻路線。

　　所以在站位上,建議採用前腳腳掌及後腳腳跟壓進攻

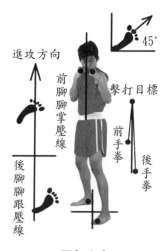

圖3-1-8

路線的站位方法進行站位,並且前後腳與進攻路線的夾角應該保持在 45° 左右,這樣的角度最有利於運用前腳掌進行重心的移動,同時也最有利於腿法的施展。掌握以上原則,可使進攻技術更加有效的發揮,同樣也有利於初學者的學習以及技術的提高。

在擒拿格鬥中,基本準備姿勢是所有技術發揮的平臺,擒拿格鬥與其他運動一樣,都是身體的運動,區別在於目的不同,所以形成了不同的技術風格和特點。

系統學習和練習過其他運動項目的讀者都應該有所體會,如網球、羽毛球、乒乓球等小球項目的站位及揮拍;短跑、跳高等田徑項目的擺臂和助跑,都是運動的基礎和訓練中的重點。擒拿格鬥的準備姿勢,極大地影響著今後技術水準的發展,練習者在學習過程中,一定要循序漸進,建立紮實的功底,這樣才有利於今後複雜技術的學習及技術水準的提高。

第二節 格鬥姿勢的分類

擒拿格鬥中的格鬥姿勢分為三類,第一類為平行勢,也稱作警惕勢;第二類為無極勢,也稱作中距實戰勢;第三類為標準勢,也稱作近距實戰勢。

一、平行勢

平行勢又稱作警惕勢,是當對手距離較遠或對手無防備時使用的格鬥姿勢。該格鬥姿勢隱蔽性強,適合突襲或

偷襲。

　　其基本姿勢：雙腳平行站立，雙腳間的距離應為最佳雙腳距離，身體重心落於身體投影面的中點，雙腳腳尖略外展；雙手放鬆放於大腿外側靠前的位置，雙臂緊貼兩肋，含胸拔背，閉唇合齒，下頜微收。

　　如習慣採用左架實戰姿勢，則右腳隨時準備向左後方側步，轉變為無極勢或標準實戰勢。要求身體放鬆，肌肉不可提前緊張，雙眼視線不離開對手。（圖 3-2-1）

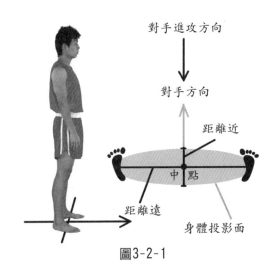

對手進攻方向

對手方向

距離近

中點

距離遠

身體投影面

圖3-2-1

二、無極勢

　　無極勢又稱作中距實戰勢，是當對手距離你 2～3 公尺範圍並有防備，但還沒有產生進攻意識時使用的格鬥姿勢。該格鬥姿勢具有一定隱蔽性和防禦性，適合發動突襲。

　　其基本姿勢：側身雙腳前後站立，雙腳間的距離應為最佳雙腳距離，身體重心落於身體投影面的中點，前腳腳掌及後腳腳跟壓在進攻路線上，前後腳與進攻路線成 45°夾角，雙腳腳掌踏實地面，兩膝微屈；雙手放鬆放於大腿外側靠前的位置，垂臂緊貼，保護兩肋，雙目平視，含胸拔背，閉嘴合齒，下頜微收。這種格鬥勢的外在形態與平時的自然站立相似，但是又與平時的站立姿勢有所區別。首先，無極勢在自然站立的基礎上，雙手暗中蓄力，隨時準備發起進攻，精神需要高度集中和警覺；其次，雙眼迅速觀察四周，判斷周圍的環境，明確對手是單個對手還是多個對手，對手是徒手還是手持武器，是否產生了進攻或逃跑意識。最後，要觀察對方的體態與情緒變化，隨時準備轉換為標準實戰勢。（圖 3-2-2）

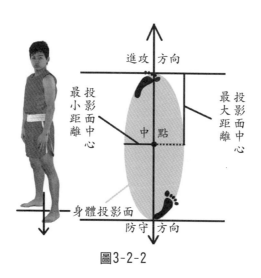

圖3-2-2

三、標準勢

標準勢又稱作近距離實戰勢，是當對手位於自己的有效進攻範圍或有效防守範圍內並產生了進攻意識時使用的格鬥姿勢。該格鬥姿勢雖無隱蔽性，但進攻性和防禦性強，適合臨場對敵。

其基本姿勢：側身雙腳前後站立，雙腳間的距離應為最佳雙腳距離，身體重心落於身體投影面的中點，前腳腳掌及後腳腳跟壓在進攻路線上，身體與進攻路線成 30° 夾角，前後腳與進攻路線成 45° 夾角，前腳踏實地面，後腳腳掌踏地，腳跟抬起，兩膝微屈，兩手握拳（空心拳），微內旋，抬起。

前手拳自然前伸，不高於鼻尖，原則上不遮擋雙眼視線，前手拳向前伸展程度垂直向下不超過身體投影面，最佳位置與前腳垂直，肘關節自然下垂，上臂貼緊並保護肋骨及腰部；後手拳抬起貼於下頜，拳儘量貼近身體縱軸，上臂緊貼身體，肘關節下垂並前移至胸大肌下方，含胸拔背，手臂保護好胸部、肋骨、腹部及腰部。雙目平視，視線不離開對手，下頜微收，閉嘴合齒，身體放鬆。注意將重心控制在兩腳之間；兩手緊貼軀體，儘量避免暴露自身要害、薄弱部位。（圖 3-2-3）

在所有準備姿勢中，不能忽略的問題是準備姿勢的有效進攻範圍。

所謂有效進攻範圍是指，自己使用一種步法銜接一種拳腿技術進攻最遠能夠達到的進攻距離，將自己作為圓

心，將這個距離作為一個圓的半徑，這個圓內的範圍就是自己的有效進攻範圍。

有效防守範圍與有效進攻範圍的區別在於產生計算半徑的主體不同。

有效防守範圍是指，對手使用一種步法銜接一種拳腿技術進攻最遠能夠達到的距離，將自己作為圓心，將對手的有效進攻距離作為半徑，這個圓內的範圍就是自己的有效防守範圍。

讀者也可以理解為，我方的有效進攻距離就是對方的有效防守距離；相反，對方的有效進攻距離就是我方的有效防守距離，這就衍生出了實戰距離和實戰範圍的概念。（圖 3-2-4）

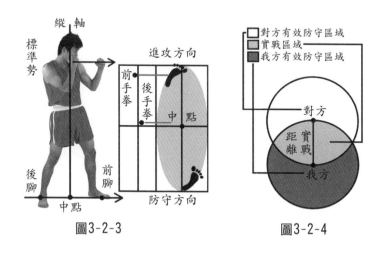

圖 3-2-3　　　　　圖 3-2-4

第四章 徒手擒拿格鬥術 打擊技術及其教法

徒手擒拿格鬥打擊技術簡稱「打法」，運用人體上半身部位進行攻擊，上半身部位可利用的擊打部位較多，所謂人身處處皆武器，上半身部位更是如此。俗語說的好，「武裝到牙齒」，當對敵的時候人體上半身任何部位都是攻擊武器，牙齒、後腦包括口水都是我們的攻擊利器。

本章將打擊技術分為頭部攻擊技術、肘部攻擊技術、指法攻擊技術、掌法攻擊技術和拳法攻擊技術5個部分，結合教學方法進行詳細闡述。

第一節 打擊技術的特徵

打法是徒手擒拿格鬥技術中最具威力的技術之一，它具有技術內容豐富、攻擊面積大、回收速度快等特點，運用方便快捷。

一、技法靈活多變

打擊技術內容豐富多樣，各種技術又有不同的打擊方法，並且在面對對手時也有不同的使用方法。例如：掌法打擊技術有插掌、砍掌、平斬掌、雙峰貫耳掌、推掌、撩

陰掌、劈掌等技術，在與對手近距離接觸時，視當時的情況靈活地選擇運用或者組合使用其中的一個或多個技法，以達到制服對手的目的。

二、擊打路線多

擊打路線是指從攻擊的部位到擊打部位之間形成的路線。徒手擒拿格鬥打擊技術方法多種多樣，這就決定了攻擊的路線就多。

擊打路線的千變萬化，讓對手不清楚我方將從哪個方向攻擊，在對手眼花撩亂中尋找機會制服對手。

三、用於攻擊的部位多

徒手擒拿格鬥講的就是人身處處皆武器，尤其是打法可用於攻擊的部位非常多。由於攻擊的最終目的是制服對手，一切可以運用的攻擊的部位都可以作為攻擊武器。

例如：對手從後面摟抱我時，我可以用後腦撞擊對手面部，用肩向後猛力撞擊對手胸部，用肘攻擊對手胸部，用腳後跟撩對手襠部，用腳踩擊對手腳背。

四、攻擊速度快

兵書上說過：「兵貴神速。」擒拿格鬥也是如此。進攻如能打出「快」的特點，就會使對手防不勝防。擒拿格鬥最終目的是制服對手，在某些時候需要一招制敵，這就需要攻擊速度快。以最快的速度，在對手尚無防備之時，一招擊中對手要害部位，制服對手。

第二節　打擊技術的分類及教學方法

我們將打擊技術分為頭部攻擊技術、肘法攻擊技術、指法攻擊技術、掌法攻擊技術及拳法攻擊技術 5 個部分進行講解，並配以詳細的教學方法，使廣大擒拿格鬥愛好者拿到書就可以自主學習和教學。

一、頭部攻擊技術

俗語說「武裝到牙齒」，頭部攻擊技術即是如此，平時多加練習，同樣具有很強的攻擊性。

（一）前額撞擊技術

1. 動作方法及要點

前額撞擊技術是以前額（眼睛以上的面部）為力點，進攻對手眼部、鼻部等部位的近距離進攻技術，發力方向為由後向前發力。

實戰勢站立，前腳迅速向前跨步，跨步距離根據與對手的距離進行調整，靠近對手後儘量控制對手的雙手，可以用手抓握其腕關節或抓握前臂並用自己上臂與身體夾住對手前臂或雙手，也可抓住對手雙肩，與此同時降低自己身體重心，使站立更加穩固，這時由於身體重心的下降，前額的高度會略高於對手鼻梁。（圖 4-2-1～圖 4-2-3、圖 4-2-3 附圖）

整個技術動作發力的主要來源是由跨步時身體向前俯衝的力、雙手控制住對手雙手或肩關節並向自己身體方向

圖4-2-1　　　　　　　圖4-2-2

圖4-2-3　　　　　　　圖4-2-3附圖

回拉的力，以及收腹勾頭收下頦向前撞擊的力共同組成。
這幾個力的合力作用於對手的鼻梁或雙眼，足以使對手形
成重創，並無還擊之力。

　　為使身體力量發揮到極限，必須有合理的步法或步態
作為技術支持，稱這種步法或步態為「步陣」。在運用前
額撞擊技術時，後腳可保持原地不動，前腳需向前邁步並

同時外旋 45° 左右，這樣能更好
地發揮技術。（圖 4-2-4）

外旋 45°

圖4-2-4

2. 教學步驟

（1）講解動作名稱及動作過
程。

（2）快速完整示範，做快速
完整的正、背、側三個面的動作
示範，使學生建立對動作的初步
印象。

①**正面示範**：提示學生注意觀察前額撞擊技術的準備
姿勢為基本實戰姿勢，力點為前額。

②**背面示範**：提示學生注意觀察前額撞擊技術的步陣
為後腳原地不動，前腳需向前邁步並同時外旋 45° 左右。

③**側面示範**：提示學生注意觀察發力方向為由後向前
發力。身體重心的變化規律為降重心並由兩腳之間向前腳
移動，動作完成後身體重心回到兩腳之間。

（3）邊示範邊講解，請一個學生配合進行示範講解，
講解的重點如下。

①運用條件為當對手從正面發動進攻或正面摟抱住我
時使用該技術。

②重點進攻部位為對手眼部、鼻部。

③進攻距離為近距離進攻技術，靠近對手後儘量控制
對方的雙手、肩部或頭部。

④主要力量的來源為跨步時身體向前俯衝的力、雙手
控制住對手雙手或肩關節並向自己身體方向回拉的力、以

及收腹勾頭收下頜向前撞擊的力。

（4）分解領做及練習，完成慢速分解領做、慢速完整練習、快速完整練習三個階段的教學。

①**慢速分解領做**：教師將完整技術動作分解為5個步驟並以口令的方式進行教學。首先是準備姿勢，準備姿勢站立好後；口令1，跨步俯衝；口令2，控制對手；口令3，收腹勾頭撞擊；口令4，回收還原。技術熟練後，可將5個步驟合併為3個步驟教學：準備姿勢站立好後；口令1，跨步俯衝並控制對手；口令2，收腹勾頭撞擊並回收還原。

②**慢速完整練習**：學生動作熟練以後，教師口令指揮，學生慢速完成整個動作，這個過程中可反覆強調動作要領並糾錯。

③**快速完整練習**：教師口令指揮，學生把完整動作快速完成，重點使學生理解並掌握動作的發力及動作的連貫完整性。

（二）頭頂撞擊技術

1.動作方法及要點

頭頂撞擊技術是以頭頂（頭的最頂部，頭的上面）為力點，進攻對手胸部、腹腔神經叢等部位的中近距離進攻技術，發力方向為由後向前發力。

實戰姿勢站立，當對手使用拳法技術攻擊我頭部或撲向我的同時，前腳迅速向前跨步，跨步距離根據與對手的距離進行調整，形成迎擊的態勢，雙手儘量抓握對手雙手或控制其腰部，與此同時降低自己身體重心，在躲開對手

拳法進攻的同時向前頂撞對手。（圖 4-2-5～圖 4-2-7、圖 4-2-7 附圖）

整個技術動作發力的主要來源是由跨步時身體向前的衝力、後腳蹬地與地面的反作用力、雙手控制住對手雙手或腰部並向自己身體方向回拉的力等組成。

這幾個力的合力作用於對手的腹部神經叢，可造成對手腹痛難忍，無力還擊。

圖4-2-5

圖4-2-6

圖4-2-7

圖4-2-7附圖

在運用頭頂撞擊技術時，後腳可保持原地不動，前腳需向前邁步並同時外旋 45°，以便更好地發揮技術，參見圖 4-2-4。

2. 教學步驟

(1) 講解動作名稱及動作過程。

(2) 快速示範，做快速完整的正、背、側三個面的動作示範，使學生建立對動作的初步印象。

①**正面示範**：提示學生注意觀察頭頂撞擊技術的準備姿勢為基本實戰姿勢，力點為頭頂。

②**背面示範**：提示學生注意觀察頭頂撞擊技術的步陣為後腳原地不動，前腳需向前邁步。

③**側面示範**：提示學生注意觀察發力方向為由後向前發力。身體重心的變化規律為降重心通過上步重心向前移動，動作完成後身體重心回到兩腳之間。

(3) 邊示範邊講解，請一個學生配合進行示範講解，講解的要點如下。

①運用條件為當對手從正面發動進攻或撲向我時使用該技術。

②重點進攻部位為對手胸部、腹腔神經叢。

③進攻距離為中近距離進攻技術，靠近對手後儘量控制對方腰部。

④主要力量的來源為由跨步時身體向前的衝力、後腳蹬地身體與地面的反作用力、雙手控制住對手雙手或腰部並向自己身體方向回拉的力。

(4) 分解領做及練習，完成慢速分解領做、慢速完整

練習、快速完整練習三個階段的教學。

　　①慢速分解領做：教師將完整技術動作分解為 5 個步驟並以口令的方式進行教學。首先是準備姿勢，準備姿勢站立好後；口令 1，降重心彎腰團身埋頭；口令 2，向前跨步重心前移；口令 3，控制對手，頭頂頂撞；口令 4，回收還原。技術熟練後，可將 5 個步驟合併為 3 個步驟教學，準備姿勢站立好後；口令 1，降重心彎腰團身埋頭，並向前跨步重心前移；口令 2，控制對手，頭頂頂撞並回收還原。

　　②慢速完整練習：學生動作熟練以後，教師口令指揮，學生慢速完成整個動作，這個過程中可反覆強調動作要領並糾錯。

　　③快速完整練習：教師口令指揮，學生把完整動作快速完成，重點使學生理解並掌握動作的發力及動作的連貫完整性。

二、肘法攻擊技術

　　肘部是打擊技術中非常重要的一個技術部分，具有攻擊距離短、破壞力大的特點。

（一）橫擊肘技術

1. 動作方法及要點

　　橫擊肘技術是以肘尖為力點，進攻對手面、頸、胸、腹等部位的中近距離進攻技術，發力方向為由外向內發力。實戰勢站立，當對手從正面發動進攻時，運用身體的力量驅動肘關節對對手實施打擊。

以左架後手橫擊肘為例：

首先，後腳蹬地，蹬地後地面與身體的反作用力通過大小腿傳至髖關節，髖關節以身體縱軸為圓心向逆時針方向主動轉動發力，蹬地力及轉髖力通過腰傳至肩，肩關節再以身體縱軸為圓心向逆時針方向主動轉動發力，轉肩後力量變為蹬地力、轉髖力及轉肩力的合力，用這種合力驅動肘關節進行打擊，與此同時身體重心由兩腳之間向前腳移動。

其次，肘關節在身體整體運動的同時，呈斜向上的拋物線運動，拋物線起點位於肋骨處，終點位於身體正前方的進攻路線上，手臂的運動軌跡呈螺旋形。

橫擊肘技術中手臂的具體動作為肘關節側向抬起，由身體發力順勢擺上臂，肩關節內收，前臂向下扣的同時完成發力。在一隻手發力擊打的同時，另一隻手則自然回收，放於下頜處保護頭部。（圖 4-2-8～圖 4-2-10、圖 4-2-10 附圖）

圖4-2-8　　　　　　　　圖4-2-9

圖4-2-10

圖4-2-10附圖

　　發力後身體放鬆，沉肩垂肘，身體自然還原成實戰姿勢，重心還原至兩腳之間。在橫擊肘技術中，為了配合身體發力，後腳需蹬地借力並以前腳掌為軸外旋 90° 左右，身體旋轉角度約為 90°，肘關節運動範圍 45° 左右。（圖 4-2-11）

圖4-2-11

　2. 教學步驟

　　（1）講解動作名稱及動作過程。

　　（2）快速示範，做快速完整的正、背、側三個面的動作示範，使學生建立對動作的初步印象。

　　①**正面示範**：提示學生注意觀察橫擊肘技術的準備姿勢為標準實戰姿勢站立，力點為肘部。

　　②**背面示範**：提示學生注意觀察橫擊肘技術的步陣為後腳蹬地借力並以前腳掌為軸外旋 90° 左右，身體旋轉角

度約為 90°，肘關節運動範圍 45° 左右。

③**側面示範**：提示學生注意觀察發力方向為由外向內發力。身體重心的變化規律為由兩腳之間向前腳移動，動作完成後身體重心回到兩腳之間。

(3) 邊示範邊講解，請一個學生配合進行示範講解，講解的重點如下。

①運用條件為當對手從正面發動進攻時使用該技術。

②重點進攻部位為對手面部、頸部、胸部、腹部。

③進攻距離為中近距離進攻技術。

④主要力量的來源為蹬地力、轉髖力、轉肩力及擺上臂扣前臂的力。

(4) 分解領做及練習，完成慢速分解領做、慢速完整練習、快速完整練習三個階段的教學。

①**慢速分解領做**：教師將完整技術動作分解為 5 個步驟並以口令的方式進行教學。首先是準備姿勢，準備姿勢站立好後；口令 1，蹬地轉髖擰腰；口令 2，抬肘；口令 3，轉肩擺臂；口令 4，回收還原。技術熟練後，可將 5 個步驟合併為 3 個步驟進行教學，準備姿勢站立好後；口令 1，蹬地轉髖擰腰抬肘；口令 2，轉肩擺臂並回收還原。

②**慢速完整練習**：學生動作熟練以後，教師口令指揮，學生慢速完成整個動作，這個過程中可反覆強調動作要領並糾錯。

③**快速完整練習**：教師口令指揮，學生把完整動作快速完成，重點使學生理解並掌握動作的發力及動作的連貫完整性。

（二）挑肘技術

1. 動作方法及要點

挑肘技術是以肘尖為力點，進攻對手下頜、喉、胸、腹等部位的中近距離進攻技術，發力方向為由下向上發力。實戰勢站立，當對手從正面發動進攻時，運用身體的力量驅動肘關節對對手實施打擊。

以左架後手挑肘為例：

首先，與擊打肘同側肩沉肩墜肘，另一側肩則向上抬肩，膝關節彎曲，降低身體重心。後腳蹬地，蹬地後地面與身體的反作用力通過大小腿傳至髖關節，髖關節以身體縱軸為圓心向逆時針方向主動轉動發力，蹬地力及轉髖力通過腰傳至肩，肩關節再以身體縱軸為圓心向逆時針方向主動轉動發力，轉肩後力量變為蹬地力、轉髖力及轉肩力的合力，用這種合力驅動手臂進行打擊，與此同時，身體重心上升。

其次，肘關節在身體整體運動的同時，呈由下向上的拋物線運動，拋物線起點位於肋骨處，終點位於身體正前方的進攻路線上，手臂的運動軌跡呈扇形，該扇形所在的面，位於進攻路線上且垂直於水平面。

挑肘技術中手臂的具體動作為沉肩使肘關節下沉蓄力，由身體發力順勢抬上臂，向斜上方送肘，前臂向內扣的同時完成發力。在一隻手發力擊打的同時，另一隻手則自然回收，放於下頜處保護頭部。（圖 4-2-12 ～圖 4-2-14、圖 4-2-14 附圖）

發力後身體放鬆，沉肩垂肘，身體自然還原成實戰姿

勢，重心還原至兩腳之間。

挑肘技術中，為了配合身體發力，後腳需蹬地借力並以前腳掌為軸外旋 90° 左右，身體旋轉角度約為 90°。（圖 4-2-15）

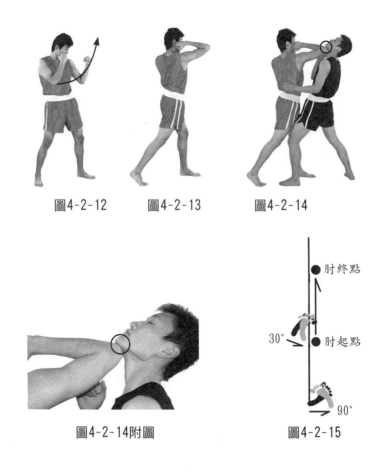

圖4-2-12　　　圖4-2-13　　　圖4-2-14

圖4-2-14附圖　　　　　圖4-2-15

2. 教學步驟

(1) 講解動作名稱及動作過程。

（2）快速示範，做快速完整的正、背、側三個面的動作示範，使學生建立對動作的初步印象。

①**正面示範**：提示學生注意觀察挑肘技術的準備姿勢為標準實戰姿勢站立，力點為肘部。

②**背面示範**：提示學生注意觀察挑肘技術的步陣為前腳以前腳掌為軸內旋角度為 30° 左右，後腳蹬地借力並以前腳掌為軸外旋 90° 左右，身體旋轉角度約為 90°。

③**側面示範**：提示學生注意觀察發力方向為由下向上發力。身體重心的變化規律為由兩腳之間向前腳移動，動作完成後身體重心回到兩腳之間。

④**邊示範邊講解**：請一個學生配合進行示範講解，講解的重點是。

a. 運用條件為當對手從正面發動進攻時使用該技術。

b. 重點進攻部位為對手下頜、喉部、胸部、腹部。

c. 進攻距離為中近距離進攻技術。

d. 主要力量的來源為蹬地力、轉髖力、轉肩力及抬上臂扣前臂的力。

（4）分解領做及練習，完成慢速分解領做、慢速完整練習、快速完整練習三個階段的教學。

①**慢速分解領做**：教師將完整技術動作分解為 5 個步驟並以口令的方式進行教學。首先是準備姿勢，準備姿勢站立好後；口令1，降低重心抬肩沉肘；口令2，蹬地轉髖擰腰；口令3，頂肩抬肘；口令4，回收還原。技術熟練後，可將 5 個步驟合併為 3 個步驟教學，準備姿勢站立好後；口令1，降低重心抬肩沉肘並蹬地轉髖擰腰；口令

2，頂肩抬肘並回收還原。

②**慢速完整練習**：學生動作熟練以後，教師口令指揮，學生慢速完成整個動作，這個過程中可反覆強調動作要領並糾錯。

③**快速完整練習**：教師口令指揮，學生把完整動作快速完成，重點使學生理解並掌握動作的發力及動作的連貫完整性。

（三）頂肘技術

1.動作方法及要點

頂肘技術是以肘尖為力點，進攻對手胸、腹、腰等部位的近距離進攻技術，發力方向為由前向後發力。當對手企圖從後方進攻或一人對多人情況下對後方對手發動進攻，可使用該技術進攻對手。

在無任何防備情況下的行走中、普通站立或平行勢站立時。當對手從正面（後方）發動進攻時，運用身體的力量驅動肘關節對對手實施打擊。

以右臂頂肘為例：

首先，含胸拔背，雙手抱於胸前，前臂垂直於地面，頭向右後轉動，餘光注視對手。膝關節彎曲，降低身體重心，使身體穩固。與擊打肘同側的支撐腳以反側腳為圓心，迅速蹬地退步，蹬地退步的力帶動髖關節轉動，蹬地退步力及轉髖力通過腰傳至肩，肩關節再以身體縱軸為圓心向逆時針方向主動轉動發力，同時向右後方擺頭，轉肩後力量變為蹬地退步力、轉髖力及轉肩力的合力，用這種合力驅動手臂進行打擊，身體重心不發生位移。

其次，肘關節在身體整體運動的同時，呈由下向上的拋物線運動，拋物線起點位於肋骨處，終點位於身體後方，手臂的運動軌跡呈扇形，該扇形所在的面，垂直於水平面。

頂肘技術中手臂的具體動作為前臂內扣，含胸蓄力，通過身體發力順勢擴胸向後拉上臂、向後方頂肘。（圖4-2-16～圖4-2-19、圖4-2-19附圖）

圖4-2-16　　　　圖4-2-17　　　　圖4-2-18

圖4-2-19

圖4-2-19附圖

發力後身體放鬆，沉肩垂肘，身體自然還原。在整個技術動作過程中，為保持身體各部位協調旋轉發力，雙腳應該主動配合，以右肘攻擊為例，右腳退步的同時與左腳保持平行，保證支撐腳的穩固，身體旋轉角度約為30°。（圖4-2-20）

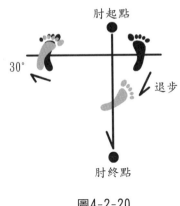

圖4-2-20

2. 教學步驟

（1）講解動作名稱及動作過程。

（2）快速示範，做快速完整的正、背、側三個面的動作示範，使學生建立對動作的初步印象。

①**正面示範**：提示學生注意觀察頂肘技術的準備姿勢為標準實戰姿勢站立，力點為肘部。

②**背面示範**：提示學生注意觀察頂肘技術的步陣為以左腳前腳掌為軸外旋30°左右，右腳退步的同時與左腳保持平行。

③**側面示範**：提示學生注意觀察發力方向為由前向後發力。身體重心的變化規律為降低重心，重心不發生位移。

（3）邊示範邊講解，請一個學生配合進行示範講解，講解的重點如下。

①運用條件為當對手企圖從後方進攻或一人對多人情況下對後方對手發動進攻時使用該技術。

②重點進攻部位為對手胸部、腹部、腰部。

③進攻距離為近距離進攻技術。

④主要力量的來源為蹬地退步力、轉髖力、轉肩力以及拉上臂的力。

(4) 分解領做及練習，完成慢速分解領做、慢速完整練習、快速完整練習三個階段的教學。

①**慢速分解領做**：教師將完整技術動作分解為 5 個步驟並以口令的方式進行教學。首先是準備姿勢，準備姿勢站立好後；口令 1，退步降低重心；口令 2，含胸拔背保證力距；口令 3，轉肩拉臂頂肘；口令 4，回收還原。技術熟練後，可將 5 個步驟合併為 3 個步驟教學，準備姿勢站立好後；口令 1，退步降低重心並含胸拔背保證力距；口令 2，轉肩拉臂頂肘並回收還原。

②**慢速完整練習**：學生動作熟練以後，教師口令指揮，學生慢速完成整個動作，這個過程中可反覆強調動作要領並糾錯。

③**快速完整練習**：教師口令指揮，學生把完整動作快速完成，重點使學生理解並掌握動作的發力及動作的連貫完整性。

三、指法攻擊技術

眼睛和喉嚨是人體薄弱的環節，平常眼睛中進了一點灰塵或是飛進了小蟲子，已經非常的難受，如果受到經過訓練的指法的攻擊，後果可想而知。

（一）劍指技術

1. 動作方法及要點

劍指技術是以中指及無名指指尖為力點（圖4-2-21），進攻對手眼、咽喉等部位的中距離進攻

圖4-2-21

技術，發力方向為由後向前發力。

實戰勢站立，當對手從正面發動進攻時，運用身體的力量驅動手指對對手實施打擊。

以左架後手劍指技術為例：

首先，後腳蹬地，蹬地後地面與身體的反作用力通過大小腿傳至髖關節，髖關節以身體縱軸為圓心向逆時針方向主動轉動發力，蹬地力及轉髖力通過腰傳至肩，肩關節再以身體縱軸為圓心向逆時針方向主動轉動發力，轉肩後力量變為蹬地力、轉髖力及轉肩力的合力，用這種合力驅動手臂進行打擊，與此同時，身體重心由兩腳之間向前腳移動。

其次，劍指在身體整體運動的同時，呈由後向前的直線運動，起點是下頜處，終點位於身體正前方的進攻路線上，手臂的運動軌跡呈三角形，該三角形所在的面，位於進攻路線上且垂直於水平面。

劍指技術中手臂的具體動作為夾肘沉肩並半握拳，拳自然內旋，拳心朝向自己面部，由身體發力順勢向前伸展手臂，肘關節保持與地面垂直，直至完全伸直，伸展手臂的同時拳外旋發力，距離目標物體20～30公分時由拳變

化為劍指,指尖朝前。在一隻手發力擊打的同時,另一隻手則自然回收,放於下頷處保護頭部。(圖 4-2-22 ～ 圖 4-2-24、圖 4-2-24 附圖)

發力後身體放鬆,沉肩垂肘,身體自然還原成實戰姿勢,重心還原至兩腳之間。劍指技術中,為了配合身體發力,後腳需蹬地借力並以前腳掌為軸外旋 30° 左右,身體旋轉角度約為 90°。(圖 4-2-25)

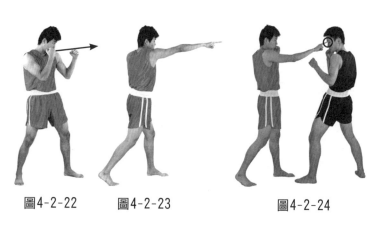

圖4-2-22　　圖4-2-23　　　　圖4-2-24

圖4-2-24附圖

圖4-2-25

2. 教學步驟

(1) 講解動作名稱及動作過程。

(2) 快速示範，做快速完整的正、背、側三個面的動作示範，使學生建立對動作的初步印象。

①**正面示範**：提示學生注意觀察劍指技術的準備姿勢為標準實戰姿勢站立，力點為中指及無名指指尖。

②**背面示範**：提示學生注意觀察劍指技術的步陣為後腳蹬地借力並以前腳掌為軸外旋 30° 左右，身體旋轉角度約為 90°。

③**側面示範**：提示學生注意觀察發力方向為由後向前發力。身體重心的變化規律為由兩腳之間向前腳移動，動作完成後身體重心回到兩腳之間。

(3) 邊示範邊講解，請一個學生配合進行示範講解，講解的重點如下。

①運用條件為當對手從正面發動進攻時使用該技術。

②重點進攻部位為對手眼部、咽喉部。

③進攻距離為中距離進攻技術。

④主要力量的來源為蹬地力、轉髖力、轉肩力及伸臂旋臂力。

(4) 分解領做及練習，完成慢速分解領做、慢速完整練習、快速完整練習三個階段的教學。

①**慢速分解領做**：教師將完整技術動作分解為 5 個步驟並以口令的方式進行教學。首先是準備姿勢，準備姿勢站立好後；口令 1，蹬地轉髖；口令 2，擰腰轉肩；口令 3，伸臂旋臂；口令 4，回收還原。技術熟練後，可將 5

個步驟合併為 3 個步驟進行教學，準備姿勢站立好後；口令1，蹬地轉髖擰腰轉肩；口令2，伸臂旋臂回收還原。

②慢速完整練習：學生動作熟練以後，教師口令指揮，學生慢速完成整個動作，這個過程中可反覆強調動作要領並糾錯。

③快速完整練習：教師口令指揮，學生把完整動作快速完成，重點使學生理解並掌握動作的發力及動作的連貫完整性。

四、掌法攻擊技術

掌法相對於打法的其他四種技術力量相對較小，在實戰中也可以作為試探性動作和擒拿格鬥其他技術動作配合使用。

掌形

①**平掌**：四指併攏伸直，拇指彎曲扣於虎口處（圖4-2-26）。用於砍、切、推、插等。

②**瓦楞掌**：拇指微屈，其餘四指併攏，第二指關節微屈，掌心內凹成瓦形（圖 4-2-27）。用於插、戳、切、砍等。

圖4-2-26 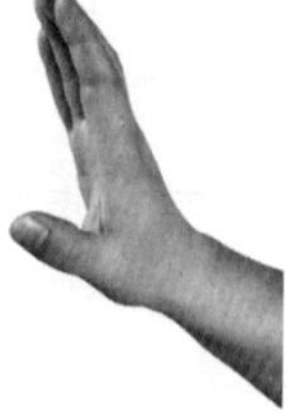　　　　　　圖4-2-27

掌法攻擊技術

（一）插掌技術

1. 動作方法及要點

插掌技術是以掌尖為力點，進攻對手眼、咽喉等部位的中距離進攻技術，發力方向為由後向前發力。實戰勢站立，當對手從正面發動進攻時，運用身體的力量驅動手掌對對手實施打擊。

以左架後手插掌技術為例：

首先，後腳蹬地，蹬地後地面與身體的反作用力通過大小腿傳至髖關節，髖關節以身體縱軸為圓心向逆時針方向主動轉動發力，蹬地力及轉髖力通過腰傳至肩，肩關節再以身體縱軸為圓心向逆時針方向主動轉動發力，轉肩後力量變為蹬地力、轉髖力及轉肩力的合力，用這種合力驅動手臂進行打擊，與此同時，身體重心由兩腳之間向前腳移動。

其次，手指在身體整體運動的同時，呈由後向前的直線運動，直線起點位於下頜處，終點位於身體正前方的進攻路線上，手臂的運動軌跡呈三角形，該三角形所在的面，位於進攻路線上且垂直於水平面。

插掌技術中手臂的具體動作為夾肘沉肩並半握拳，拳自然內旋，拳心朝向自己面部，由身體發力順勢向前伸展手臂，肘關節保持與地面垂直，直至完全伸直，伸展手臂的同時內旋發力，距離目標物體 20 ～ 30 公分時由拳變化為掌，指尖朝前。在一隻手發力擊打的同時，另一隻手則

自然回收，放於下頜處保護頭部。（圖 4-2-28 ～圖 4-2-
30、圖 4-2-30 附圖）

發力後身體放鬆，沉肩垂肘，身體自然還原成實戰姿
勢，重心還原至兩腳之間。插掌技術中，為了配合身體發
力，後腳需蹬地借力並以前腳掌為軸外旋 30° 左右，身體
旋轉角度約為 90°。（圖 4-2-31）

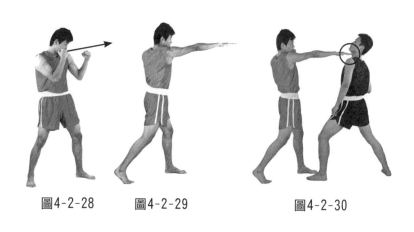

圖4-2-28　　圖4-2-29　　　　　圖4-2-30

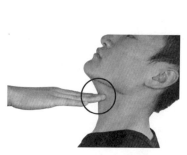

圖4-2-30附圖

圖4-2-31

2. 教學步驟

(1) 講解動作名稱及動作過程。

(2) 快速示範，做快速完整的正、背、側三個面的動作示範，使學生建立對動作的初步印象。

①**正面示範**：提示學生注意觀察插掌技術的準備姿勢為標準實戰姿勢站立，力點為掌尖。

②**背面示範**：提示學生注意觀察插掌技術的步陣為前腳以前腳掌為軸內旋角度為 30° 左右，後腳蹬地借力並以前腳掌為軸外旋 90° 左右，身體旋轉角度約為 90°。

③**側面示範**：提示學生注意觀察發力方向為由後向前發力。身體重心的變化規律為由兩腳之間向前腳移動，動作完成後身體重心回到兩腳之間。

(3) 邊示範邊講解，請一個學生配合進行示範講解，講解的重點如下。

①運用條件為當對手從正面發動進攻時使用該技術。

②重點進攻部位為對手眼部、咽喉部。

③進攻距離為中距離進攻技術。

④主要力量的來源為蹬地力、轉髖力、轉肩力及伸臂旋臂力。

(4) 分解領做及練習，完成慢速分解領做、慢速完整練習、快速完整練習三個階段的教學。

①**慢速分解領做**：教師將完整技術動作分解為 5 個步驟並以口令的方式進行教學。首先是準備姿勢，準備姿勢站立好後；口令 1，蹬地轉髖；口令 2，擰腰轉肩；口令 3，伸臂旋臂；口令 4，回收還原。技術熟練後，可將

5 個步驟合併為 3 個步驟教學，準備姿勢站立好後；口令1，蹬地轉髖擰腰轉肩；口令2，伸臂旋臂回收還原。

②慢速完整練習：學生動作熟練以後，教師口令指揮，學生慢速完成整個動作，這個過程中可反覆強調動作要領並糾錯。

③快速完整練習：教師口令指揮，學生把完整動作快速完成，重點使學生理解並掌握動作的發力及動作的連貫完整性。

（二）砍掌技術

1. 動作方法及要點

砍掌技術是以手掌小指一側為力點，進攻對手頸等部位的中距離進攻技術，發力方向為由外側上方向斜下方。實戰勢站立，當對手從正面發動進攻時，運用身體的力量驅動手掌對對手實施打擊。

以左架後手砍掌技術為例：

首先，後腳蹬地，蹬地後地面與身體的反作用力通過大小腿傳至髖關節，髖關節以身體縱軸為圓心向逆時針方向主動轉動發力，蹬地力及轉髖力通過腰傳至肩，肩關節再以身體縱軸為圓心向逆時針方向主動轉動發力，轉肩後力量變為蹬地力、轉髖力及轉肩力的合力，用這種合力驅動手臂進行打擊，與此同時，身體重心由兩腳之間向前腳移動。

其次，砍掌在身體整體運動的同時，呈由後向前的拋物線運動，拋物線起點位於下頜處，終點位於身體正前方的進攻路線上，手掌的運動軌跡呈半圓形，該半圓形所在

的面，平行於水平面。

　　砍掌技術中手臂的具體動作為夾肘沉肩並半握拳，拳自然內旋，拳心朝向自己面部，由身體發力順勢向斜前45°方向伸展手臂，這時掌心朝上，第一掌骨向內，指尖朝前，肩關節外展，距離目標物體 20 ～ 30 公分距離時掌外旋發力，肘關節配合手掌外旋。在一隻手發力擊打的同時，另一隻手則自然回收，放於下頜處保護頭部。（圖4-2-32 ～圖 4-2-34、圖 4-2-34 附圖）

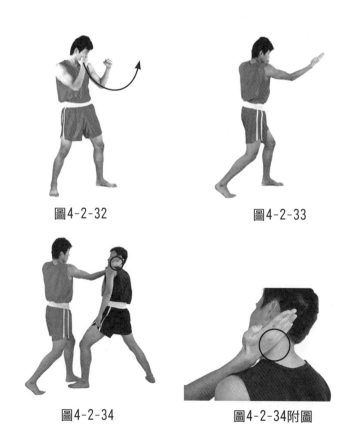

圖4-2-32　　　　　　　　　圖4-2-33

圖4-2-34　　　　　　　　　圖4-2-34附圖

發力後身體放鬆，沉肩垂肘，身體自然還原成實戰姿勢，重心還原至兩腳之間。砍掌技術中，為了配合身體發力，後腳需蹬地借力並以前腳掌為軸外旋30°左右，身體旋轉角度約為90°，掌的運動範圍45°左右。（圖4-2-35）

圖4-2-35

2. 教學步驟

（1）講解動作名稱及動作過程。

（2）快速示範，做快速完整的正、背、側三個面的動作示範，使學生建立對動作的初步印象。

①正面示範：提示學生注意觀察砍掌技術的準備姿勢為標準實戰姿勢站立，力點為手掌小指一側。

②背面示範：提示學生注意觀察砍掌技術的步陣為前腳以前腳掌為軸內旋角度為30°左右，後腳蹬地借力並以前腳掌為軸外旋90°左右，身體旋轉角度約為90°，掌的運動範圍45°左右。

③側面示範：提示學生注意觀察發力方向為由外向內發力。身體重心的變化規律為由兩腳之間向前腳移動，動作完成後身體重心回到兩腳之間。

（3）邊示範邊講解，請一個學生配合進行示範講解。

①運用條件為當對手從正面發動進攻時使用該技術。

②重點進攻部位為對手頸部。

③進攻距離為中距離進攻技術。

④主要力量的來源為蹬地力、轉髖力、轉肩力、伸臂沉肘力、旋臂抖腕力。

（4）分解領做及練習，完成慢速分解領做、慢速完整練習、快速完整練習三個階段的教學。

①**慢速分解領做**：教師將完整技術動作分解為 5 個步驟並以口令的方式進行教學。首先是準備姿勢，準備姿勢站立好後，口令 1，蹬地轉髖；口令 2，擰腰轉肩抬肘；口令 3，伸臂沉肘抖腕；口令 4，回收還原。技術熟練後，可將 5 個步驟合併為 3 個步驟教學，準備姿勢站立好後；口令 1，蹬地轉髖擰腰轉肩抬肘；口令 2，伸臂沉肘抖腕並回收還原。

②**慢速完整練習**：學生動作熟練以後，教師口令指揮，學生慢速完成整個動作，這個過程中可反覆強調動作要領並糾錯。

③**快速完整練習**：教師口令指揮，學生把完整動作快速完成，重點使學生理解並掌握動作的發力及動作的連貫完整性。

（三）推掌技術

1. 動作方法及要點

推掌技術是以掌心及掌根（掌骨頭與橈、尺骨之間的部位）為力點，進攻對手面、頸、胸、腹等部位的中距離進攻技術，發力方向為由後向前發力。

實戰勢站立，當對手從正面發動進攻時，運用身體的力量驅動手掌對對手實施打擊。

以左架後手推掌技術為例：

首先，後腳蹬地，蹬地後地面與身體的反作用力通過大小腿傳至髖關節，髖關節以身體縱軸為圓心向逆時針方向主動轉動發力，蹬地力及轉髖力通過腰傳至肩，肩關節再以身體縱軸為圓心向逆時針方向主動轉動發力，轉肩後力量變為蹬地力、轉髖力及轉肩力的合力，用這種合力驅動手臂進行打擊，與此同時，身體重心由兩腳之間向前腳移動。

其次，推掌在身體整體運動的同時，呈由後向前的直線運動，直線起點位於下頜處，終點位於身體正前方的進攻路線上，手臂的運動軌跡呈三角形，該三角形所在的面，位於進攻路線上且垂直於水平面。

推掌技術中手臂的具體動作為夾肘沉肩並半握拳，由身體發力順勢向前送肩伸展手臂，肘關節保持與地面垂直，直至完全伸直，伸展手臂的同時拳外旋發力，發力時由拳變化為掌，掌心朝前，指尖朝上。在一隻手發力擊打的同時，另一隻手則自然回收，放於下頜處保護頭部。（圖4-2-36 ～ 圖4-2-38、圖4-2-38附圖）

發力後身體放鬆，沉肩垂肘，身體自然還原成實戰姿勢，重心還原至兩腳

圖4-2-36　　　　圖4-2-37

之間。推掌技術中，為了配合身體發力，後腳需蹬地借力並以前腳掌為軸外旋 30° 左右，身體旋轉角度約為 90°。（圖 4-2-39）

圖4-2-38　　　　　　圖4-2-38附圖

2. 教學步驟

（1）講解動作名稱及動作過程。

（2）快速示範，做快速完整的正、背、側三個面的動作示範，使學生建立對動作的初步印象。

①**正面示範**：提示學生注意觀察推掌技術的準備姿勢為標準實戰姿勢站立，力點為掌心及掌根。

②**背面示範**：提示學生注意觀察推掌技術的步陣為後腳蹬地借力並以前腳掌為軸外旋 30° 左右，身體旋轉角度約為 90°。

③**側面示範**：提示學生注意觀

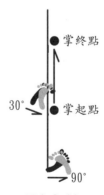

掌終點

30°　掌起點

90°

圖4-2-39

察發力方向為由後向前發力。身體重心的變化規律為由兩腳之間向前腳移動，動作完成後身體重心回到兩腳之間。

（3）邊示範邊講解，請一個學生配合進行示範講解，講解的重點如下。

①運用條件為當對手從正面發動進攻時使用該技術。

②重點進攻部位為對手面部、頸部、胸部、腹部。

③進攻距離為中距離進攻技術。

④主要力量的來源為蹬地力、轉髖力、轉肩力、伸臂旋臂力。

（4）分解領做及練習，完成慢速分解領做、慢速完整練習、快速完整練習三個階段的教學。

①**慢速分解領做**：教師將完整技術動作分解為 5 個步驟並以口令的方式進行教學。首先是準備姿勢，準備姿勢站立好後；口令 1，蹬地轉髖；口令 2，夾肘撐腰；口令 3，轉肩頂肩伸臂；口令 4，回收還原。技術熟練後，可將 5 個步驟合併為 3 個步驟進行教學，準備姿勢站立好後；口令 1，蹬地轉髖撐腰；口令 2，轉肩送肩伸臂並回收還原。

②**慢速完整練習**：學生動作熟練以後，教師口令指揮，學生慢速完成整個動作，這個過程中可反覆強調動作要領並糾錯。

③**快速完整練習**：教師口令指揮，學生把完整動作快速完成，重點使學生理解並掌握動作的發力及動作的連貫完整性。

（四）撩陰掌技術

1. 動作方法及要點

撩陰掌技術是以手掌（遠節指骨與橈、尺骨之間的部位）為力點，進攻對手襠部的中近距離進攻技術，發力方向為由下向上發力。實戰勢站立，當對手從正面發動進攻或從後方抱住並鎖住我雙手時，運用身體的力量驅動手掌對對手實施打擊。

以左架後手撩陰掌技術為例：

首先，與擊打手同側肩沉肩墜肘，另一側肩則向上抬肩，膝關節彎曲，降低身體重心。後腳蹬地，蹬地後地面與身體的反作用力通過大小腿傳至髖關節，髖關節以身體縱軸為圓心向逆時針方向主動轉動發力，蹬地力及轉髖力通過腰傳至肩，肩關節再以身體縱軸為圓心向逆時針方向主動轉動發力，轉肩後力量變為蹬地力、轉髖力及轉肩力的合力，用這種合力驅動手臂進行打擊，與此同時，身體重心上升。

其次，撩陰掌在身體整體運動的同時，呈由上向下再向上的拋物線運動，拋物線起點位於下頜處，終點位於身體正前方的進攻路線上，手臂的運動軌跡呈半圓形，該半圓形所在的面，位於進攻路線上且垂直於水平面。

撩陰掌技術中手臂的具體動作為沉肩手臂伸展並下沉蓄力，但這時的手臂並未完全伸直，由身體發力手臂順勢向下伸展並向上抬臂，這時掌心朝前，指尖朝斜下方，送肩的同時抬臂，距離目標物體 20 ～ 30 公分距離時，前臂突然內收並抖腕發力。在一隻手發力擊打的同時，另一隻

手則自然回收，放於下頜處保護頭部。（圖 4-2-40 ～圖
4-2-42、圖 4-2-42 附圖）

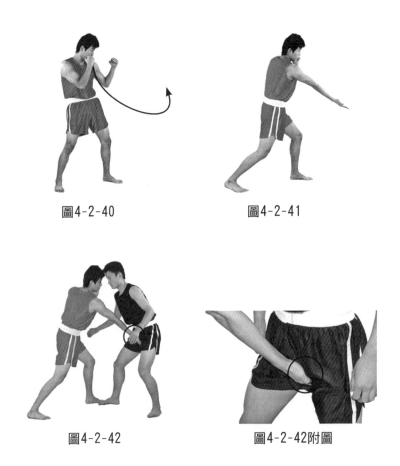

圖4-2-40　　　　　　　圖4-2-41

圖4-2-42　　　　　　　圖4-2-42附圖

　　發力後身體放鬆，沉肩垂肘，身體自然還原成實戰姿
勢，重心還原至兩腳之間。撩陰掌技術中，為了配合身體
發力，後腳需蹬地借力並以前腳掌為軸外旋 45° 左右，身
體旋轉角度約為 90°。（圖 4-2-43）

2. 教學步驟

（1）講解動作名稱及動作過程。

（2）快速示範，做快速完整的正、背、側三個面的動作示範，使學生建立對動作的初步印象。

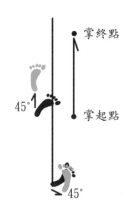

圖4-2-43

①**正面示範**：提示學生注意觀察撩陰掌技術的準備姿勢為標準實戰姿勢站立，力點為全手掌。

②**背面示範**：提示學生注意觀察撩陰掌技術的步陣為後腳蹬地借力並以前腳掌為軸外旋45°左右，身體旋轉角度約為90°。

③**側面示範**：提示學生注意觀察發力方向為由下向上發力。身體重心的變化規律為前腳上步，重心由兩腳之間向前腳移動，動作完成後身體重心回到兩腳之間。

（3）邊示範邊講解，請一個學生配合進行示範講解，講解的重點如下。

①運用條件為當對手從正面發動進攻或從後方抱住並鎖住我雙手時使用該技術。

②重點進攻部位為對手襠部。

③進攻距離為中近距離進攻技術。

④主要力量的來源為蹬地力、轉髖力、轉肩力、擺上臂力、收前臂抖腕的力。

（4）分解領做及練習，完成慢速分解領做、慢速完整練習、快速完整練習三個階段的教學。

①**慢速分解領做**：教師將完整技術動作分解為 5 個步驟並以口令的方式進行教學。首先是準備姿勢，準備姿勢站立好後；口令 1，降重心沉肩沉肘；口令 2，蹬地轉髖擰腰；口令 3，轉肩伸臂擺臂抖腕；口令 4，回收還原。技術熟練後，可將 5 個步驟合併為 3 個步驟進行教學，準備姿勢站立好後；口令 1，降重心沉肩沉肘；口令 2，蹬地轉髖擰腰轉肩的同時伸臂擺臂抖腕並回收還原。

②**慢速完整練習**：學生動作熟練以後，教師口令指揮，學生慢速完成整個動作，這個過程中可反覆強調動作要領並糾錯。

③**快速完整練習**：教師口令指揮，學生把完整動作快速完成，重點使學生理解並掌握動作的發力及動作的連貫完整性。

（五）劈掌技術

1. 動作方法及要點

劈掌技術是以手掌小指一側為力點，進攻對手面、肩等部位的中距離進攻技術，發力方向為由上向下發力。實戰勢站立，當對手從正面發動進攻時，運用身體的力量驅動手掌對對手實施打擊。

以左架後手劈掌技術為例：

首先，與擊打肘同側肩向上抬肩，另一側肩則沉肩墜肘，膝關節挺伸，挺胸展腹，升高身體重心。膝關節突然彎曲，身體重心迅速下降，產生重力加速，並收腹收髖。與此同時，肩關節以身體縱軸為圓心向逆時針方向主動轉動發力，轉肩後力量變為重力、收腹力、收髖力及轉肩力

的合力，用這種合力驅動手臂進行打擊，身體重心下降。

其次，肘關節在身體整體運動的同時，呈由下向上再向下的拋物線運動，拋物線起點位於下頜處，終點位於身體正前方的進攻路線上，手臂的運動軌跡呈半圓形，該半圓形所在的面，位於進攻路線上且垂直於水平面。

劈掌技術中手臂的具體動作為抬肘舉臂，掌心朝內，指尖朝前，由身體發力順勢垂肘下劈，當距離目標物體 20～30 公分時，突然抖腕發力。在一隻手發力擊打的同時，另一隻手則自然回收，放於下頜處保護頭部。（圖 4-2-44～圖 4-2-47、圖 4-2-47 附圖）

發力後身體放鬆，沉肩垂肘，身體自然還原成實戰姿勢，重心還原至兩腳之間。劈掌技術中，為了配合身體發力，後腳需蹬地借力並以前腳掌為軸外旋 45° 左右，身體旋轉角度約為 90°。（圖 4-2-48）

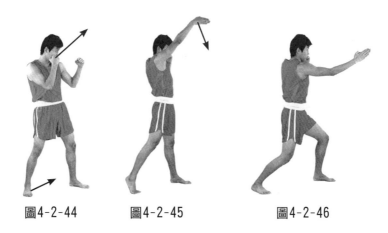

圖4-2-44　　　　圖4-2-45　　　　圖4-2-46

圖4-2-47

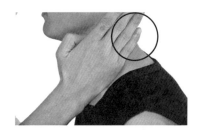

圖4-2-47附圖

2. 教學步驟

（1）講解動作名稱及動作過程。

（2）快速示範，做快速完整的正、背、側三個面的動作示範，使學生建立對動作的初步印象。

①**正面示範**：提示學生注意觀察劈掌技術的準備姿勢為標準實戰姿勢站立，力點為手掌小指一側。

②**背面示範**：提示學生注意觀察劈掌技術的步陣為前腳上步並內旋45° 左右，後腳蹬地借力並以前腳掌

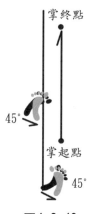

圖4-2-48

為軸外旋 45° 左右，身體旋轉角度約為 90°。

③**側面示範**：提示學生注意觀察發力方向為由上向下發力。身體重心的變化規律為提升重心後，降低重心，並由兩腳之間向前腳移動，動作完成後身體重心回到兩腳之間。

（3）邊示範邊講解，請一個學生配合進行示範講解。

①運用條件為當對手從正面發動進攻時使用該技術。

②重點進攻部位為對手面部、肩部。

③進攻距離為中距離進攻技術。

④主要力量的來源為身體重力、收腹力、收髖力、轉肩力、沉肘抖腕的力。

（4）分解領做及練習，完成慢速分解領做、慢速完整練習、快速完整練習三個階段的教學。

①**慢速分解領做**：教師將完整技術動作分解為 5 個步驟並以口令的方式進行教學。首先是準備姿勢，準備姿勢站立好後；口令 1，升重心抬臂抬肘；口令 2，蹬地轉髖擰腰；口令 3，轉肩伸臂沉肘抖腕；口令 4，回收還原。技術熟練後，可將 5 個步驟合併為 3 個步驟進行教學，準備姿勢站立好後；口令 1，升重心抬臂抬肘；口令 2，蹬地轉髖擰腰轉肩的同時伸臂沉肘抖腕並回收還原。

②**慢速完整練習**：學生動作熟練以後，教師口令指揮，學生慢速完成整個動作，這個過程中可反覆強調動作要領並糾錯。

③**快速完整練習**：教師口令指揮，學生把完整動作快速完成，重點使學生理解並掌握動作的發力及動作的連貫完整性。

五、拳法攻擊技術

「出拳似放箭，收拳似火燒」，足以形容拳法的技術特點，快打快收，方能在對抗中佔據有優勢。

拳型

①**鳳眼拳**：又稱螺絲拳，四指捲握，拇指頂扣食指第一指關節處，拳面呈螺絲形。（圖4-2-49）

圖4-2-49

【擊打部位】高部位為眼睛、人中、太陽穴等部位；低部位為兩肋、胸窩、腹腔神經叢等部位。

圖4-2-50

②**雞心拳**：四指捲握，拇指頂扣於中指第一指關節骨上，中指第二指關節骨突出拳面。（圖4-2-50）

【擊打部位】高部位為眼睛、人中、太陽穴等部位；低部位為兩肋、胸窩、腹腔神經叢等部位。

③**小拳**：五指半握，拇指彎曲扣緊頂住食、中指。（圖4-2-51）

【擊打部位】用蓋拳、反砸拳拳法擊打對方鼻梁，用衝拳拳法擊打對方眼眶、人中穴等部位。

圖4-2-51

④**子午拳**：四指彎曲捲握緊，拇指彎曲壓於食、中指第二指關節上，成拳狀，拳面平整。（圖4-2-52）

圖4-2-52

【擊打部位】用各種拳法擊打對方鼻梁、太陽穴、下頜、肋骨、胸腹、後腦等部位。

拳法攻擊技術

（一）衝拳技術

1. 動作方法及要點

衝拳技術是以拳面（四指捲握成拳，拇指扣於中指、食指第二指關節上，拳面為掌骨頭及近節指骨部位）為力點，進攻對手面、咽喉、胸等部位的中距離進攻技術，發力方向為由後向前發力。實戰勢站立，當對手從正面發動進攻時，運用身體的力量驅動拳對對手實施打擊。

以左架後手衝拳技術為例：

首先，後腳蹬地，蹬地後地面與身體的反作用力通過大小腿傳至髖關節，髖關節以身體縱軸為圓心向逆時針方向主動轉動發力，蹬地力及轉髖力通過腰傳至肩，肩關節再以身體縱軸為圓心向逆時針方向主動轉動發力，轉肩後力量變為蹬地力、轉髖力及轉肩力的合力，用這種合力驅動手臂進行打擊，與此同時，身體重心由兩腳之間向前腳移動。

其次，衝拳在身體整體運動的同時，呈由後向前的直線運動，直線起點位於下頜處，終點位於身體正前方的進攻路線上，手臂的運動軌跡呈三角形，該三角形所在的面，位於進攻路線上且垂直於水平面。

衝拳技術中手臂的具體動作為夾肘沉肩並半握拳，

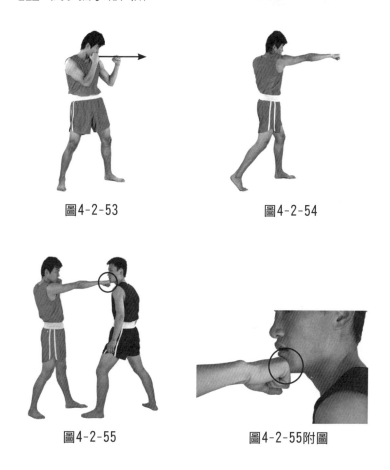

圖4-2-53　　　　　　　　圖4-2-54

圖4-2-55　　　　　　圖4-2-55附圖

由身體發力順勢向前伸展手臂，肘關節保持與地面垂直，直至完全伸直，伸展手臂的同時拳內旋發力，發力時拳握緊，拳心朝下。在一隻手發力擊打的同時，另一隻手則自然回收，放於下頜處保護頭部。（圖 4-2-53 ～圖 4-2-55、圖 4-2-55 附圖）

　　發力後身體放鬆，沉肩垂肘，身體自然還原成實戰姿勢，重心還原至兩腳之間。衝拳技術中，為了配合身體發

力，後腳需蹬地借力並以前腳掌為軸外旋 90° 左右，身體旋轉角度約為 90°。（圖4-2-56）

拳終點

拳起點

30°

90°

圖4-2-56

2. 教學步驟

（1）講解動作名稱及動作過程。

（2）快速示範，做快速完整的正、背、側三個面的動作示範，使學生建立對動作的初步印象。

①**正面示範**：提示學生注意觀察衝拳技術的準備姿勢為標準實戰姿勢站立，力點為拳面。

②**背面示範**：提示學生注意觀察衝拳技術的步陣為後腳蹬地借力並以前腳掌為軸外旋 90° 左右，身體旋轉角度約為 90°。

③**側面示範**：提示學生注意觀察發力方向為由後向前發力。身體重心的變化規律為由兩腳之間向前腳移動，動作完成後身體重心回到兩腳之間。

（3）邊示範邊講解，請一個學生配合進行示範講解，講解的重點如下。

①運用條件為當對手從正面發動進攻時使用該技術。

②重點進攻部位為對手面部、咽喉部、胸部。

③進攻距離為中距離進攻技術。

④主要力量的來源為蹬地力、轉髖力、轉肩力、伸臂旋臂力。

（4）分解領做及練習，完成慢速分解領做、慢速完整練習、快速完整練習三個階段的教學。

①**慢速分解領做**：教師將完整技術動作分解為5個步驟並以口令的方式進行教學。首先是準備姿勢，準備姿勢站立好後；口令1，蹬地轉髖；口令2，擰腰夾肘；口令3，轉肩伸臂旋臂；口令4，回收還原。技術熟練後，可將5個步驟合併為3個步驟進行教學，準備姿勢站立好後；口令1，蹬地轉髖擰腰夾肘；口令2，轉肩伸臂旋臂並回收還原。

②**慢速完整練習**：學生動作熟練以後，教師口令指揮，學生慢速完成整個動作，這個過程中可反覆強調動作要領並糾錯。

③**快速完整練習**：教師口令指揮，學生把完整動作快速完成，重點使學生理解並掌握動作的發力及動作的連貫完整性。

（二）貫拳技術

1. 動作方法及要點

貫拳技術是以拳面（四指捲握成拳，拇指扣於中指、食指第二指關節上，拳面為掌骨頭及近節指骨部位）為力點，進攻對手面、頸等部位的中近距離進攻技術，發力方向為由外向內發力。實戰勢站立，當對手從正面發動進攻時，運用身體的力量驅動拳對對手實施打擊。

以左架後手貫拳技術為例：

首先，後腳蹬地，蹬地後地面與身體的反作用力通過大小腿傳至髖關節，髖關節以身體縱軸為圓心向逆時針方

向主動轉動發力，蹬地力及轉髖力通過腰傳至肩，肩關節再以身體縱軸為圓心向逆時針方向主動轉動發力，轉肩後力量變為蹬地力、轉髖力及轉肩力的合力，用這種合力驅動手臂進行打擊，與此同時，身體重心由兩腳之間向前腳移動。

其次，貫拳在身體整體運動的同時，呈由後向前的拋物線運動，拋物線起點位於下頜處，終點位於身體正前方的進攻路線上，手臂的運動軌跡呈扇形，該扇形所在的面平行於水平面。

貫拳技術中手臂的具體動作為夾肘沉肩並半握拳，通過身體發力順勢向斜前 45° 方向伸展手臂，這時拳心朝內，肩關節外展的同時抬肘，上臂帶動前臂內扣，距離目標物體 20 ～ 30 公分距離時拳外旋發力，此時拳心朝外。在一隻手發力擊打的同時，另一隻手則自然回收，放於下頜處保護頭部。（圖 4-2-57～圖 4-2-60、圖 4-2-60 附圖）

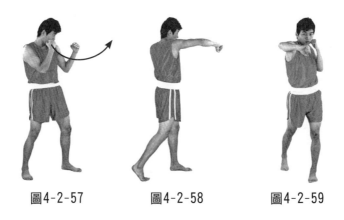

圖4-2-57　　　　　圖4-2-58　　　　　圖4-2-59

圖4-2-60　　　　　　　　圖4-2-60附圖

發力後身體放鬆，沉肩垂肘，身體自然還原成實戰姿勢，重心還原至兩腳之間。貫拳技術中，為了配合身體發力，後腳需蹬地借力並以前腳掌為軸外旋 90° 左右，身體旋轉角度約為 90°，拳的運動範圍 45° 左右。（圖 4-2-61）

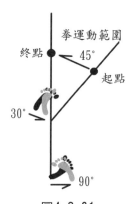

圖4-2-61

2.教學步驟

(1) 講解動作名稱及動作過程。

(2) 快速示範，做快速完整的正、背、側三個面的動作示範，使學生建立對動作的初步印象。

①正面示範：提示學生注意觀察貫拳技術的準備姿勢為標準實戰姿勢站立，力點為拳面。

②背面示範：提示學生注意觀察貫拳技術的步陣為後腳蹬地借力並以前腳掌為軸外旋 90° 左右，身體旋轉角度

約為 90°，拳的運動範圍 45° 左右。

　　③**側面示範**：提示學生注意觀察發力方向為由外向內發力。身體重心的變化規律為由兩腳之間向前腳移動，動作完成後身體重心回到兩腳之間。

　　(3) 邊示範邊講解，請一個學生配合進行示範講解。

　　①運用條件為當對手從正面發動進攻時使用該技術。

　　②重點進攻部位為對手面部、頸部。

　　③進攻距離為中距離進攻技術。

　　④主要力量的來源為蹬地力、轉髖力、轉肩力、抬肘力、伸臂旋臂力。

　　(4) 分解領做及練習，完成慢速分解領做、慢速完整練習、快速完整練習三個階段的教學。

　　①**慢速分解領做**：教師將完整技術動作分解為 5 個步驟並以口令的方式進行教學。首先是準備姿勢，準備姿勢站立好後；口令 1，蹬地轉髖；口令 2，擰腰伸臂；口令 3，轉肩抬肘旋臂；口令 4，回收還原。技術熟練後，可將 5 個步驟合併為 3 個步驟進行教學，準備姿勢站立好後；口令 1，蹬地轉髖擰腰伸臂；口令 2，轉肩抬肘旋臂並回收還原。

　　②**慢速完整練習**：學生動作熟練以後，教師口令指揮，學生慢速完成整個動作，這個過程中可反覆強調動作要領並糾錯。

　　③**快速完整練習**：教師口令指揮，學生把完整動作快速完成，重點使學生理解並掌握動作的發力及動作的連貫完整性。

（三）抄拳技術

1. 動作方法及要點

抄拳技術是以拳面（將手屈指捲握起來形成拳，拳面為掌骨頭及近節指骨部位）為力點，進攻對手腹、腰、肋等部位的近距離進攻技術，發力方向為由下向上發力。當對手從正面發動進攻並且雙方距離較近甚至互相扭打在一起時，可使用該技術進攻對手。

實戰勢站立，當對手從正面發動進攻並且雙方距離較近甚至互相扭打在一起時，運用身體的力量驅動拳對對手實施打擊。

以左架後手抄拳技術為例：

首先，與擊打手同側肩沉肩墜肘，另一側肩則向上抬肩，膝關節彎曲，降低身體重心。後腳蹬地，蹬地後地面與身體的反作用力通過大小腿傳至髖關節，髖關節以身體縱軸為圓心向逆時針方向主動轉動發力，蹬地力及轉髖力通過腰傳至肩，肩關節再以身體縱軸為圓心向逆時針方向主動轉動發力，轉肩後力量變為蹬地力、轉髖力及轉肩力的合力，用這種合力驅動手臂進行打擊，與此同時，身體重心上升。

其次，抄拳在身體整體運動的同時，呈由上向下再向上的拋物線運動，拋物線起點位於下頜處，終點位於身體正前方的進攻路線上，手臂的運動軌跡呈半圓形，該半圓形所在的面位於進攻路線上且垂直於水平面。

抄拳技術中手臂的具體動作為沉肩墜肘手臂略伸，半握拳並下沉蓄力，由身體發力手臂順勢向下伸展並向上

抬臂,這時拳心朝上,拳面朝前,上臂向前擺臂的同時,握拳發力。在一隻手發力擊打的同時,另一隻手則自然回收,放於下頜處保護頭部。(圖 4-2-62～圖 4-2-65、圖 4-2-65 附圖)

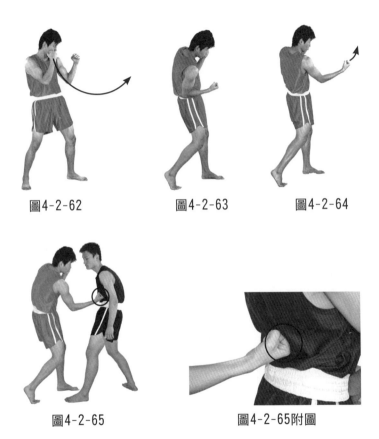

圖4-2-62　　　　　圖4-2-63　　　　　圖4-2-64

圖4-2-65　　　　　圖4-2-65附圖

發力後身體放鬆,沉肩垂肘,身體自然還原成實戰姿勢,重心還原至兩腳之間。抄拳技術中,為了配合身體發力,後腳需蹬地借力並以前腳掌為軸外旋 90° 左右,身體

旋轉角度約為 90°。（圖 4-2-66）

2. 教學步驟

（1）講解動作名稱及動作過程。

（2）快速示範，做快速完整的正、背、側三個面的動作示範，使學生建立對動作的初步印象。

圖4-2-66

①**正面示範**：提示學生注意觀察抄拳技術的準備姿勢為標準實戰姿勢站立，力點為拳面。

②**背面示範**：提示學生注意觀察抄拳技術的步陣為後腳蹬地借力並以前腳掌為軸外旋 90° 左右，身體旋轉角度約為 90°。

③**側面示範**：提示學生注意觀察發力方向為由下向上發力。身體重心的變化規律為由兩腳之間向前腳移動，動作完成後身體重心回到兩腳之間。

（3）邊示範邊講解，請一個學生配合進行示範講解，講解的重點如下。

①運用條件為當對手從正面發動進攻並且雙方距離較近甚至互相扭打在一起時使用該技術。

②重點進攻部位為對手腹部、腰部、肋部。

③進攻距離為近距離進攻技術。

④主要力量的來源為蹬地力、轉髖力、轉肩力、抬上臂收前臂的力。

（4）分解領做及練習，完成慢速分解領做、慢速完整

練習、快速完整練習三個階段的教學。

①**慢速分解領做**：教師將完整技術動作分解為 5 個步驟並以口令的方式進行教學。首先是準備姿勢，準備姿勢站立好後；口令 1，沉肩降重心；口令 2，蹬地轉髖撐腰；口令 3，升重心轉肩抬臂；口令 4，回收還原。技術熟練後，可將 5 個步驟合併為 3 個步驟進行教學，準備姿勢站立好後；口令 1，沉肩降重心蹬地轉髖撐腰；口令 2，升重心轉肩抬臂並回收還原。

②**慢速完整練習**：學生動作熟練以後，教師口令指揮，學生慢速完成整個動作，這個過程中可反覆強調動作要領並糾錯。

③**快速完整練習**：教師口令指揮，學生把完整動作快速完成，重點使學生理解並掌握動作的發力及動作的連貫完整性。

（四）蓋拳技術

1. 動作方法及要點

蓋拳技術是以拳心（將手屈指捲握起來形成拳，中節指骨及掌根部位）為力點，進攻對手面、肩等部位的中距離進攻技術，發力方向為由上向下發力。實戰勢站立，當對手從正面發動進攻時，運用身體的力量驅動拳對對手實施打擊。

以左架後手蓋拳技術為例：

首先，後腳蹬地，蹬地後地面與身體的反作用力通過大小腿傳至髖關節，髖關節以身體縱軸為圓心向逆時針方向主動轉動發力，蹬地力及轉髖力通過腰傳至肩，肩關節

再以身體縱軸為圓心向逆時針方向主動轉動發力，轉肩後力量變為蹬地力、轉髖力及轉肩力的合力，用這種合力驅動手臂進行打擊，與此同時，身體重心由兩腳之間向前腳移動。

其次，蓋拳在身體整體運動的同時，呈由下向上再向下的拋物線運動，拋物線起點位於下頜處，終點位於身體正前方的進攻路線上，手臂的運動軌跡呈半圓形，該半圓形所在的面位於進攻路線上且垂直於水平面。

蓋拳技術中手臂的具體動作為提肩抬臂，半握拳，由身體發力手臂順勢向前斜上方伸展，直至手臂伸直，壓肩的同時收前臂，握拳發力。在一隻手發力擊打的同時，另一隻手則自然回收，放於下頜處保護頭部。（圖4-2-67～圖4-2-70、圖4-2-70附圖）

發力後身體放鬆，沉肩垂肘，身體自然還原成實戰姿勢，重心還原至兩腳之間。蓋拳技術中，為了配合身體發

圖4-2-67　　　　圖4-2-68　　　　圖4-2-69

圖4-2-70

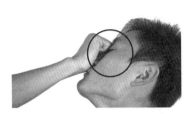

圖4-2-70附圖

力，後腳需蹬地借力並以前腳掌
為軸外旋 90° 左右，身體旋轉角
度約為 90°。（圖 4-2-71）

2. 教學步驟

（1）講解動作名稱及動作過
程。

（2）快速示範，做快速完整
的正、背、側、三個面的動作示
範，使學生建立對動作的初步印
象。

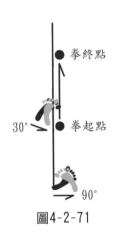

圖4-2-71

①**正面示範**：提示學生注意觀察蓋拳技術的準備姿勢
為標準實戰姿勢站立，力點為拳心。

②**背面示範**：提示學生注意觀察蓋拳技術的步陣為後
腳蹬地借力並以前腳掌為軸外旋 90° 左右，身體旋轉角度
約為 90°。

③**側面示範**：提示學生注意觀察發力方向為由上向下發力。身體重心的變化規律為由兩腳之間向前腳移動，動作完成後身體重心回到兩腳之間。

（3）邊示範邊講解，請一個學生配合進行示範講解，講解的重點如下。

①運用條件為當對手從正面發動進攻時使用該技術。

②重點進攻部位為對手面部、肩部。

③進攻距離為中距離進攻技術。

④主要力量的來源為蹬地力、轉髖力、轉肩壓肩力、抬肘力、伸上臂收前臂的力。

（4）分解領做及練習，完成慢速分解領做、慢速完整練習、快速完整練習三個階段的教學。

①**慢速分解領做**：教師將完整技術動作分解為 5 個步驟並以口令的方式進行教學。首先是準備姿勢，準備姿勢站立好後；口令 1，蹬地轉髖撐腰；口令 2，抬肘轉肩；口令 3，伸臂壓肩收臂；口令 4，回收還原。技術熟練後，可將 5 個步驟合併為 3 個步驟進行教學，準備姿勢站立好後；口令 1，蹬地轉髖撐腰抬肘；口令 2，轉肩伸臂壓肩收臂並回收還原。

②**慢速完整練習**：學生動作熟練以後，教師口令指揮，學生慢速完成整個動作，這個過程中可反覆強調動作要領並糾錯。

③**快速完整練習**：教師口令指揮，學生把完整動作快速完成，重點使學生理解並掌握動作的發力及動作的連貫完整性。

（五）彈拳技術

1. 動作方法及要點

彈拳技術是以拳背（將手屈指捲握起來形成拳，掌骨部位）為力點，進攻對手面、頸等部位的中距離進攻技術，發力方向為由後向前發力。

實戰勢站立，以左架前手彈拳技術為例：

首先，前腳蹬地，蹬地後地面與身體的反作用力通過大小腿傳至髖關節，髖關節以身體縱軸為圓心向順時針方向主動轉動發力，蹬地力及轉髖力通過腰傳至肩，肩關節再以身體縱軸為圓心向順時針方向主動轉動發力，轉肩後力量變為蹬地力、轉髖力及轉肩力的合力，用這種合力驅動手臂進行打擊，與此同時，身體重心由兩腳之間向前腳移動。

其次，彈拳在身體整體運動的同時，呈由後向前的直線運動，直線起點位於下頜處，終點位於身體正前方的進攻路線上，手臂的運動軌跡呈三角形，該三角形所在的面平行於水平面。

彈拳技術中手臂的具體動作為夾肘沉肩並半握拳，通過身體發力順勢向前伸展手臂，伸展方向與拳背方向一致，直至完全伸直，伸展手臂的同時拳握緊發力，拳心朝內。後手則保持放於下頜部，保護頭部。（圖 4-2-72～圖 4-2-75、圖 4-2-75 附圖）

發力後身體放鬆，沉肩垂肘，身體自然還原成實戰姿勢，重心還原至兩腳之間。彈拳技術中，為了配合身體發力，後腳可保持原地不動，身體旋轉角度約為 45°。（圖

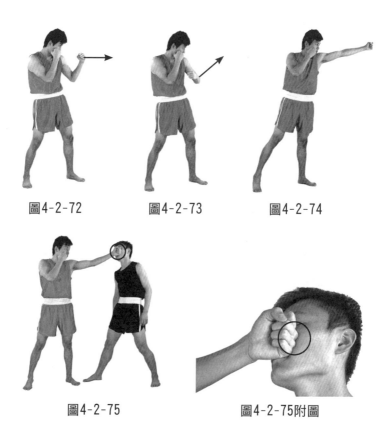

圖4-2-72　　　　　圖4-2-73　　　　　圖4-2-74

圖4-2-75　　　　　　圖4-2-75附圖

4-2-76）

2.教學步驟

（1）講解動作名稱及動作過程。

（2）快速示範，做快速完整的正、背、側三個面的動作示範，使學生建立對動作的初步印象。

①**正面示範**：提示學生注意觀察彈拳技術的準備姿勢為標準實戰

拳終點

拳起點

30°

圖4-2-76

姿勢站立，力點為拳背。

②**背面示範**：提示學生注意觀察彈拳技術的步陣為雙腳必須配合主動旋轉，前腳蹬地借力並以前腳掌為軸外旋角度為 30° 左右，後腳可保持原地不動，身體旋轉角度約為 45°。

③**側面示範**：提示學生注意觀察發力方向為由後向前發力。身體重心的變化規律為由兩腳之間向前腳移動，動作完成後身體重心回到兩腳之間。

(3) 邊示範邊講解，請一個學生配合進行示範講解，講解的重點如下。

①運用條件為當對手從正面發動進攻時使用該技術。

②重點進攻部位為對手面部、頸部。

③進攻距離為中距離進攻技術。

④主要力量的來源為蹬地力、轉髖力、轉肩力、伸臂力。

(4) 分解領做及練習，完成慢速分解領做、慢速完整練習、快速完整練習三個階段的教學。

①**慢速分解領做**：教師將完整技術動作分解為 4 個步驟並以口令的方式進行教學。首先是準備姿勢，準備姿勢站立好後；口令 1，蹬地轉髖；口令 2，轉肩伸臂；口令 3，回收還原。技術熟練後，可將 4 個步驟合併為 3 個步驟進行教學，準備姿勢站立好後；口令 1，蹬地轉髖轉肩伸臂；口令 2，回收還原。

②**慢速完整練習**：學生動作熟練以後，教師口令指揮，學生慢速完成整個動作，這個過程中可反覆強調動作

要領並糾錯。

　　③**快速完整練習**：教師口令指揮，學生把完整動作快速完成，重點使學生理解並掌握動作的發力及動作的連貫完整性。

第五章　徒手擒拿格鬥術
踢擊技術及其教法

　　踢擊技術由於其攻擊力強，在生活中運用的最為廣泛和直接，所謂「一寸長一寸強」，「手是兩扇門，全靠腳打人」，充分說明腿、腳的重要性。徒手擒拿格鬥術講究以身體各個部分作為攻擊對手的「武器」，在踢擊技術中除了腿、腳部位，膝部也作為一個強有力的攻擊部位。

第一節　踢擊技術的特徵

　　踢擊技術在擒拿格鬥中主要是用腿和膝攻擊對手的技術，由於其力量重、擊打面廣且方法靈活等特點，在擒拿格鬥技術中應用面較廣。

一、力量重

　　力量重，就是踢的力度大。在面對對手時，情況瞬息萬變，戰機稍縱即逝。一旦抓住戰機，攻擊對手的要害部位，給對手以重創。如果沒有強大的力量作為後盾，即使攻擊到對手，對對手也沒有任何的威脅。如果用較重的力量擊中了對手必給對手很大的威懾力，對手便會擔心被重擊而受傷，攻擊也就不那麼果斷。要想加大攻擊力度，進

攻者除了本身具有的力量素質，還要提高全身發力的協調性。在現有素質的條件下才能發揮出更大的力量。

俗語說：「練武不活腰終究藝不高。」「腰腿肩臂力要聚，出手不凡力自整。」這些俗語充分說明任何一個動作的發力，都是由腰的作用點而貫穿四肢的，沒有高度的協調性，很難使動作發力完整。

例如：墊步左踹腿，從墊步的蹬地獲得水平速度，經過提膝制動後傳到腰、胯、膝等關節的屈伸，使力達到腳底。一個動作只靠局部力量是有限的，容易動作脫節。只有全身協調一致，同時在發力的一剎那，配合呼氣，屏氣蓄勁，以氣催力，達到意、氣、力三則合一，使力量更加完整。

二、方法巧

力量和速度在腿法攻擊中固然重要，但以巧取勝則技高一籌。方法的巧妙，必須與攻擊對手的時機、掌握對手的重心、控制動作的力度以及採用靈活多變的戰術等有機地結合起來，才能收到最佳的效果。

例如：對手以墊步左踹腿進攻我，我若趁對手墊步，重心向上時迅速用左蹬腿阻擊其腹部以上部位，對手必因受擊而後仰。

三、擊打面廣

擊打面是指攻擊部位接觸對手身體部位的接觸點。俗語說：「手是兩扇門，全靠腳打人。」可見腿法在攻擊中

佔有重要的作用。由於腿法的攻擊距離遠、範圍大，可以攻擊對手身體的各個部位。

例如：鞭腿可以進攻對手腿部、腰腹部、頭部，當對手用拳法攻擊我時，我可以直接用鞭腿攻擊對手頭、腹等要害部位；後撩腿可以進攻對手襠部、腹部，當對手從後面抱住我腰時，我非常被動，可用後撩腿攻擊其襠部，使對手要害部位產生劇烈疼痛，從而獲得解脫。

第二節　踢擊技術的分類及教學方法

踢擊技術主要分為腿法攻擊技術和膝法攻擊技術，由於腿法技術學習難度較大，在教學中我們盡可能地詳盡闡述，以方便廣大愛好者學習和教學。

一、腿法攻擊技術

腿法攻擊面廣，在實戰中應用較多，以下重點介紹平常經常用到的幾種腿法。

（一）彈腿技術
1. 動作方法及要點

彈腿技術是以腳背為力點，進攻對手襠、腹、下頜等部位的遠距離進攻技術，發力方向為由下向上發力。

實戰勢站立，當對手使用拳法發動進攻時，運用身體的力量驅動下肢對對手實施打擊。

首先，後腳蹬地，蹬地後地面與身體的反作用力通過

大小腿傳至髖關節，髖關節以身體縱軸為圓心向逆時針方向主動轉動發力，蹬地力及轉髖力通過腰帶動大腿，大腿向上抬腿發力，力量傳至膝關節，膝關節順勢伸展發力，彈腿發力後力量變為蹬地力、轉髖提腰力、抬大腿力及彈小腿力的合力，用這種合力驅動腳部對對手進行打擊，與此同時，身體重心由兩腳之間向前腳移動，最終落於前腳。

其次，在身體整體運動的同時，腳呈向上的拋物線運動，拋物線起點位於地面，終點位於身體正前方的進攻路線上（**大小腿完全伸展後，腳的位置**），大小腿的運動軌跡呈扇形，扇形所在的面與水平面垂直。

彈腿技術中腿部的具體動作為，大腿正向抬起，抬大腿過程中小腿順勢向前擺動，到達目標物體的同時，膝關節完全伸展。

大腿抬起的高度根據打擊位置決定，理論上講，髖關節、膝關節以及目標物體應該在同一條直線上。（圖 5-2-1～圖 5-2-5、圖 5-2-4 附圖、圖 5-2-5 附圖）

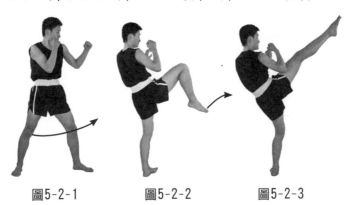

圖5-2-1　　　　　圖5-2-2　　　　　圖5-2-3

圖5-2-4

圖5-2-4附圖

圖5-2-5

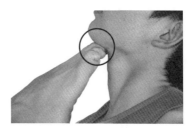

圖5-2-5附圖

發力後身體放鬆，收小腿並落地，身體自然還原成實戰姿勢，重心還原至兩腳之間。

在彈腿技術中，為了配合身體發力，支撐腿必須配合主動旋轉，擊打腳離地後，支撐腿以前腳掌為軸內旋角度為 90° 左右，髖關節以身體縱軸為圓心旋轉 90° 左右，旋轉方向與支撐腿旋轉方向相同，雙肩以身體縱軸為圓心旋轉 45° 左右，旋轉方向與髖關節旋轉方向相同。

（圖 5-2-6）

2. 教學步驟

（1）講解動作名稱及動作過程。

（2）快速示範，做快速完整的正、背、側三個面的動作示範，使學生建立對動作的初步印象。

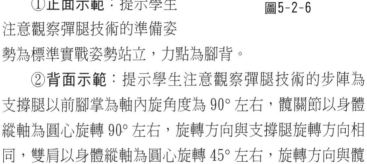

腳終點

支撐腿

90°

腳起點

打擊腿

圖5-2-6

①**正面示範**：提示學生注意觀察彈腿技術的準備姿勢為標準實戰姿勢站立，力點為腳背。

②**背面示範**：提示學生注意觀察彈腿技術的步陣為支撐腿以前腳掌為軸內旋角度為 90° 左右，髖關節以身體縱軸為圓心旋轉 90° 左右，旋轉方向與支撐腿旋轉方向相同，雙肩以身體縱軸為圓心旋轉 45° 左右，旋轉方向與髖關節旋轉方向相同。

③**側面示範**：提示學生注意觀察發力方向為由下向上發力。身體重心的變化規律為由兩腳之間向前腳移動，動作完成後身體重心回到兩腳之間。

（3）邊示範邊講解，請一個學生配合進行示範講解，講解的重點如下。

①運用條件為當對手從正面發動進攻時使用該技術。

②重點進攻部位為對手面部、頸部、胸部、腹部。

③進攻距離為中近距離進攻技術。

④主要力量的來源為蹬地力、轉髖力、轉肩力。

（4）分解領做及練習，完成慢速分解領做、慢速完整練習、快速完整練習三個階段的教學。

①**慢速分解領做**：教師將完整技術動作分解為 5 個步驟並以口令的方式進行教學。首先是準備姿勢，準備姿勢站立好後；口令 1，蹬地轉髖擰腰；口令 2，提膝；口令 3，彈腿收腿；口令 4，回收還原。技術熟練後，可將 5 個步驟合併為 3 個步驟進行教學，準備姿勢站立好後；口令 1，蹬地轉髖擰腰提膝；口令 2，彈腿收腿回收還原。

②**慢速完整練習**：學生動作熟練以後，教師口令指揮，學生慢速完成整個動作，這個過程中可反覆強調動作要領並糾錯。

③**快速完整練習**：教師口令指揮，學生把完整動作快速完成，重點使學生理解並掌握動作的發力及動作的連貫完整性。

（二）正蹬腿技術

1. 動作方法及要點

正蹬腿技術是以前腳掌或腳跟（腳的底面）為力點，進攻對手腹、胸及頭等部位的遠距離直線進攻技術，發力方向為由後向前發力。

實戰勢站立，當對手從正面發動進攻時，運用身體的力量驅動下肢對對手實施打擊。

首先，後腳蹬地，蹬地後地面與身體的反作用力通過小腿傳至大腿，大腿帶動小腿上舉儘量貼近腹部，小腿及大腿充分折疊，髖關節、腳掌及目標物體在同一直線上，

髖關節以身體縱軸為圓心向逆時針方向主動轉動發力，腰腹同時伸展發力，整個力量為蹬地力、轉髖力、伸展腰腹力、伸展大小腿力的合力，用這種合力驅動腳部對對手進行打擊，與此同時，身體重心由兩腳之間向後腳移動，最終落於後腳。

其次，在身體整體運動的同時，腳呈由後向前的直線運動，直線起點位於體前，高度與髖關節等高，終點位於身體正前方的進攻路線上（**大小腿完全伸展後腳的位置**），大小腿的運動軌跡呈三角形，三角形所在的面與水平面垂直。

正蹬腿技術中腿部的具體動作為，大腿正向抬起，儘量貼近腹部，大腿帶動小腿，小腿放鬆，勾腳尖，腳掌對目標，髖關節、腳掌、目標物體呈一條直線，由身體的發力，大小腿順勢伸展，腳尖朝上。（圖 5-2-7 ～圖 5-2-10、圖 5-2-10 附圖）

發力後身體放鬆，大小腿直線回收落地，身體自然還原成實戰姿勢，重心還原至兩腳之間。在正蹬腿技術中，

圖5-2-7　　　　　圖5-2-8　　　　　圖5-2-9

圖5-2-10

圖5-2-10附圖

為了配合身體發力，支撐腿必須配合主動旋轉，擊打腳離地後，支撐腿以前腳掌為軸內旋角度為90°左右，髖關節以身體縱軸為圓心旋轉90°左右，旋轉方向與支撐腿旋轉方向相同，雙肩以身體縱軸為圓心旋轉45°左右，旋轉方向與髖關節旋轉方向相同。（圖5-2-11）

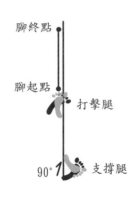

腳終點

腳起點

打擊腿

90°

支撐腿

圖5-2-11

2. 教學步驟

（1）講解動作名稱及動作過程。

（2）快速示範，做快速完整的正、背、側三個面的動作示範，使學生建立對動作的初步印象。

①**正面示範**：提示學生注意觀察正蹬腿技術的準備姿勢為標準實戰姿勢站立，力點為前腳掌或腳跟。

②**背面示範**：提示學生注意觀察正蹬腿技術的步陣為

支撐腿以前腳掌為軸內旋角度為 90° 左右，髖關節以身體縱軸為圓心旋轉 90° 左右，旋轉方向與支撐腿旋轉方向相同，雙肩以身體縱軸為圓心旋轉 45° 左右，旋轉方向與髖關節旋轉方向相同。

③**側面示範**：提示學生注意觀察發力方向為由後向前發力。身體重心的變化規律為由兩腳之間向後腳移動，動作完成後身體重心回到兩腳之間。

(3) 邊示範邊講解，請一個學生配合進行示範講解，講解的重點如下。

①運用條件為當對手從正面發動進攻時使用該技術。

②重點進攻部位為對手腹部、胸部。

③進攻距離為遠距離進攻技術。

④主要力量的來源為蹬地力、轉髖力、伸展腰腹力、伸展大小腿力。

(4) 分解領做及練習，完成慢速分解領做、慢速完整練習、快速完整練習三個階段的教學。

①**慢速分解領做**：教師將完整技術動作分解為 5 個步驟並以口令的方式進行教學。首先是準備姿勢，準備姿勢站好後；口令1，蹬地轉髖擰腰；口令2，提膝；口令3，蹬腿收腿；口令4，回收還原。技術熟練後，可將 5 個步驟合併為 3 個步驟進行教學，準備姿勢站立好後；口令1，蹬地轉髖擰腰提膝；口令2，蹬腿收腿回收還原。

②**慢速完整練習**：學生動作熟練以後，教師口令指揮，學生慢速完成整個動作，這個過程中可反覆強調動作要領並糾錯。

③**快速完整練習**：教師口令指揮，學生把完整動作快速完成，重點使學生理解並掌握動作的發力及動作的連貫完整性。

（三）側踹腿技術

1. 動作方法及要點

側踹腿技術是以腳底（腳的底面）為力點，進攻對手腹、胸等部位的遠距離進攻技術，發力方向為由後向前發力。

實戰勢站立，當對手從正面發動進攻或向我撲來時，運用身體的力量驅動下肢對對手實施打擊。

首先，側身大腿帶動小腿上舉儘量貼近腹部，髖關節、腳掌及目標物體在同一直線上，小腿及大腿折疊後伸展發力，同時肩旋轉發力，髖關節及腰腹伸展發力，整個力量為轉肩力、伸展腰腹力、展髖力、伸展大小腿力的合力，用這種合力驅動腳對對手進行打擊，與此同時，身體重心由兩腳之間向後腳移動，最終落於後腳。

其次，在身體整體運動的同時，腳部呈向前的直線運動，直線起點位於體前，終點位於身體正前方的進攻路線上（大小腿完全伸展前腳的位置），大小腿的運動軌跡呈三角形，三角形所在的面與水平面平行。

側踹腿技術中腿部的具體動作為，大腿帶動小腿由側面抬起，擰腰旋肩，大腿儘量貼近腰腹部，小腿放鬆，腳掌對目標，髖關節、腳掌、目標物體呈一條直線，由身體的發力，大小腿順勢伸展。（圖 5-2-12 ～圖 5-2-15、圖

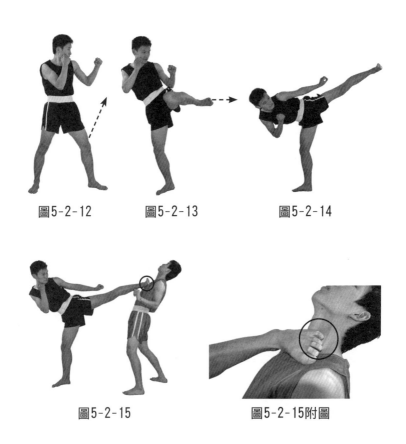

圖5-2-12　　　　圖5-2-13　　　　圖5-2-14

圖5-2-15　　　　　圖5-2-15附圖

5-2-15 附圖）

　　發力後身體放鬆，大小腿直線回收落地，身體自然還原成實戰姿勢，重心還原至兩腳之間。

　　在側踹腿技術中，為了配合身體發力，支撐腿必須配合主動旋轉，擊打腳離地後，支撐腿以前腳掌為軸內旋角度為 135° 左右，髖關節伸展，雙肩以身體縱軸為圓心旋轉30° 左右，旋轉方向與髖關節旋轉方向相同。（圖5-2-16）

2. 教學步驟

（1）講解動作名稱及動作過程。

（2）快速示範，做快速完整的正、背、側三個面的動作示範，使學生建立對動作的初步印象。

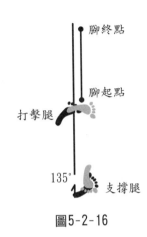

圖5-2-16

①**正面示範**：提示學生注意觀察側踹腿技術的準備姿勢為標準實戰姿勢站立，力點為腳底。

②**背面示範**：提示學生注意觀察側踹腿技術的步陣為支撐腿以前腳掌為軸內旋角度為135°左右，髖關節伸展，雙肩以身體縱軸為圓心旋轉30°左右，旋轉方向與髖關節旋轉方向相同。

③**側面示範**：提示學生注意觀察發力方向為由後向前發力。身體重心的變化規律為由兩腳之間向後腳移動，動作完成後身體重心回到兩腳之間。

（3）邊示範邊講解，請一個學生配合進行示範講解，講解的重點如下。

①運用條件為當對手使用拳法發動進攻或向我撲來時使用該技術。

②重點進攻部位為對手腹部、胸部。

③進攻距離為遠距離進攻技術。

④主要力量的來源為轉肩力、伸展腰腹力、展髖力、伸展大小腿力。

（4）分解領做及練習，完成慢速分解領做、慢速完整練習、快速完整練習三個階段的教學。

①**慢速分解領做**：教師將完整技術動作分解為 5 個步驟並以口令的方式進行教學。首先是準備姿勢，準備姿勢站立好後；口令 1，蹬地收髖；口令 2，提膝翻腿；口令 3，踹腿收腿；口令 4，回收還原。技術熟練後，可將 5 個步驟合併為 3 個步驟進行教學，準備姿勢站立好後；口令 1，蹬地收髖提膝翻腿；口令 2，踹腿收腿回收還原。

②**慢速完整練習**：學生動作熟練以後，教師口令指揮，學生慢速完成整個動作，這個過程中可反覆強調動作要領並糾錯。

③**快速完整練習**：教師口令指揮，學生把完整動作快速完成，重點使學生理解並掌握動作的發力及動作的連貫完整性。

（四）鞭腿技術

1. 動作方法及要點

鞭腿技術是以腳背（腳背是指蹠骨及蹠骨朝上的腳面）為力點，進攻對手腿、腰腹、頭等部位的遠距離進攻技術，發力方向為由外向內發力。

實戰勢站立，當對手從正面發動進攻時，運用身體的力量驅動下肢對對手實施打擊。

首先，後腳蹬地，蹬地後地面與身體的反作用力通過大小腿傳至髖關節，髖關節以身體縱軸為圓心向逆時針方向主動轉動發力，髖關節帶動大腿向斜前方頂膝發力，力

量傳至膝關節，膝關節隨髖關節轉動內扣發力，扣膝發力的同時彈小腿發力，與此同時，身體重心由兩腳之間向前腳移動，最終落於前腳。

其次，鞭腿在身體整體運動的同時，呈由下向上的拋物線運動，拋物線起點位於地面，終點位於身體正前方的進攻路線上（大小腿完全伸展後腳的位置），大小腿的運動軌跡呈螺旋形。

鞭腿技術中腿部的具體動作為，大腿側向 30° 左右方向抬起，大小腿折疊，在轉髖的同時，大腿內旋、膝蓋內扣、大小腿伸展同步完成，換言之，旋腿扣膝動作完成時，彈腿動作也同時完成。（圖 5-2-17～圖 5-2-21、圖 5-2-20 附圖、圖 5-2-21 附圖）

發力後身體放鬆，小腿內收落地，身體自然還原成實戰姿勢，重心還原至兩腳之間。

在鞭腿技術中，為了配合身體發力，支撐腿必須配合主動旋轉，擊打腳離地後，支撐腿以前腳掌為軸內旋角度

圖5-2-17　　　　圖5-2-18　　　　圖5-2-19

圖5-2-20

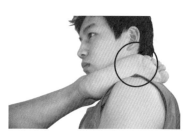

圖5-2-20附圖

圖5-2-21

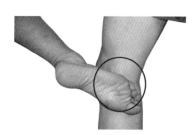

圖5-2-21附圖

為180°左右，髖關節以身體縱軸為圓心旋轉135°左右，旋轉方向與支撐腿旋轉方向相同，雙肩以身體縱軸為圓心旋轉90°左右，旋轉方向與髖關節旋轉方向相同。（圖5-2-22）

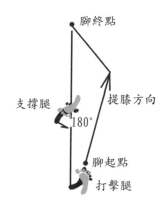

圖5-2-22

2. 教學步驟

(1) 講解動作名稱及動作過程。

(2) 快速示範，做快速完整的正、背、側三個面的動作示範，使學生建立對動作的初步印象。

①**正面示範**：提示學生注意觀察鞭腿技術的準備姿勢為標準實戰姿勢站立，力點為腳背。

②**背面示範**：提示學生注意觀察鞭腿技術的步陣為支撐腿以前腳掌為軸內旋角度為 180° 左右，髖關節以身體縱軸為圓心旋轉 135° 左右，旋轉方向與支撐腿旋轉方向相同，雙肩以身體縱軸為圓心旋轉 90° 左右，旋轉方向與髖關節旋轉方向相同。

③**側面示範**：提示學生注意觀察發力方向為由外向內發力。身體重心的變化規律為由兩腳之間向前腳移動，動作完成後身體重心回到兩腳之間。

(3) 邊示範邊講解，請一個學生配合進行示範講解，講解的重點如下。

①運用條件為當對手從正面發動進攻時使用該技術。

②重點進攻部位為對手腿部、腰腹部、頭部。

③進攻距離為遠距離進攻技術。

④主要力量的來源為蹬地力、轉髖力、頂膝力、扣膝力、彈腿力。

(4) 分解領做及練習，完成慢速分解領做、慢速完整練習、快速完整練習三個階段的教學。

①**慢速分解領做**：教師將完整技術動作分解為 5 個步驟並以口令的方式進行教學。首先是準備姿勢，準備姿勢

站立好後；口令 1，蹬地轉髖；口令 2，提膝；口令 3，扣膝彈腿；口令 4，收腿還原。技術熟練後，可將 5 個步驟合併為 3 個步驟進行教學，準備姿勢站立好後；口令 1，蹬地轉髖提膝；口令 2，扣膝彈腿回收還原。

②**慢速完整練習**：學生動作熟練以後，教師口令指揮，學生慢速完成整個動作，這個過程中可反覆強調動作要領並糾錯。

③**快速完整練習**：教師口令指揮，學生把完整動作快速完成，重點使學生理解並掌握動作的發力及動作的連貫完整性。

（五）勾踢腿技術

1. 動作方法及要點

勾踢腿技術是腳面和小腿脛骨的連接處為力點，進攻對手小腿、踝關節等部位的中距離進攻技術，發力方向為由外向內發力。當對手使用拳法進攻或兩人纏抱在一起時，可使用該技術進攻對手。

實戰勢站立，當對手使用拳法發動進攻或兩人纏抱在一起時，運用身體的力量驅動下肢對對手實施打擊。

首先，後腳蹬地，前腳向前邁步，蹬地後地面與身體的反作用力驅使身體向前衝形成衝力，身體前衝帶動後腿自然向後擺起增加力距，大腿帶動小腿向前擺動發力，發力後，力量變為身體衝力及擺腿力合力，用這種合力驅動腳部對對手進行打擊，與此同時，身體重心由兩腳之間向前方移動。

　　其次，在身體整體運動的同時，腳呈向前的拋物線運動，拋物線起點位於向後擺腿和向前擺腿間的位置，終點位於身體正前方的進攻路線上（大小腿完全伸展後腳的位置），大小腿的運動軌跡呈扇形，扇形所在的面與水平面垂直。

　　勾踢腿技術中腿部的具體動作為，後腳以大腿帶動小腿向後擺腿，由身體的發力，大腿向前擺動，擺腿的同時小腿微內收發力。（圖5-2-23～圖5-2-26、圖5-2-26附圖）

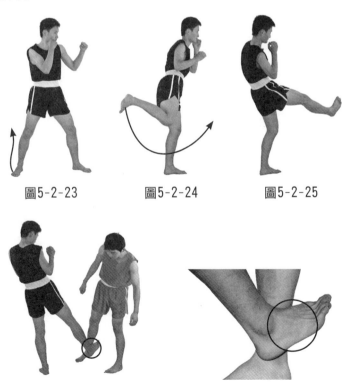

圖5-2-23　　　　圖5-2-24　　　　圖5-2-25

圖5-2-26　　　　　　圖5-2-26附圖

發力後身體放鬆，身體自然還原成實戰姿勢，重心還原至兩腳之間。

在勾踢腿技術中，為了配合身體發力，支撐腿必須配合主動旋轉，支撐腿上步並外展 90° 左右，髖關節以身體縱軸為圓心旋轉 90° 左右，旋轉方向與支撐腿外展方向相同，雙肩以身體縱軸為圓心旋轉 45° 左右，旋轉方向與髖關節旋轉方向相同。（圖 5-2-27）

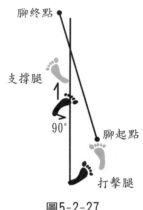

圖 5-2-27

2. 教學步驟

（1）講解動作名稱及動作過程。

（2）快速示範，做快速完整的正、背、側三個面的動作示範，使學生建立對動作的初步印象。

①**正面示範**：提示學生注意觀察勾踢腿技術的準備姿勢為標準實戰姿勢站立，力點為腳面和小腿脛骨的連接處。

②**背面示範**：提示學生注意觀察勾踢腿技術的步陣為支撐腿上步並外展 90° 左右，髖關節以身體縱軸為圓心旋轉 90° 左右，旋轉方向與支撐腿外展方向相同，雙肩以身體縱軸為圓心旋轉 45° 左右，旋轉方向與髖關節旋轉方向相同。

③**側面示範**：提示學生注意觀察發力方向為由後向斜前發力。身體重心的變化規律為由兩腳之間向前腳移動，動作完成後身體重心回到兩腳之間。

(3) 邊示範邊講解，請一個學生配合進行示範講解，講解的重點如下。

①運用條件為當對手使用拳法進攻或兩人纏抱在一起時使用該技術。

②重點進攻部位為對手小腿、踝關節。

③進攻距離為中距離進攻技術。

④主要力量的來源為身體衝力、擺腿力。

(4) 分解領做及練習，完成慢速分解領做、慢速完整練習、快速完整練習三個階段的教學。

①**慢速分解領做**：教師將完整技術動作分解為 4 個步驟並以口令的方式進行教學。首先是準備姿勢，準備姿勢站立好後；口令 1，上步後擺；口令 2，前擺勾踢；口令 3，收腿回收還原。技術熟練後，可將 4 個步驟合併為 3 個步驟進行教學，準備姿勢站立好後；口令 1，上步後擺前擺勾踢；口令 2，收腿還原。

②**慢速完整練習**：學生動作熟練以後，教師口令指揮，學生慢速完成整個動作，這個過程中可反覆強調動作要領並糾錯。

③**快速完整練習**：教師口令指揮，學生把完整動作快速完成，重點使學生理解並掌握動作的發力及動作的連貫完整性。

（六）踩腿技術

1. 動作方法及要點

踩腿技術是以腳底或腳跟（趾蹠骨或跟骨靠近腳底一側）為力點，進攻對手脛骨、膝關節等部位的中近距離進攻技術，發力方向為由上向斜下發力。當對手使用拳法進攻或兩人纏抱在一起時，可使用該技術進攻對手；該技術還可用於截腿使用，當對手使用鞭腿進攻時，可使用踩腿攔截對手的進攻腿或改變對手進攻腿的運動路線，達到瓦解對手進攻的目的。

實戰勢站立，當對手使用拳法發動進攻或兩人纏抱在一起時，運用身體的力量驅動下肢對對手實施打擊。

首先，後腳蹬地，蹬地後地面與身體的反作用力通過大小腿傳至髖關節，髖關節以身體縱軸為圓心向逆時針方向主動轉動發力，髖關節帶動大腿上提，大腿帶動小腿，轉髖力帶動腿向前運動，運動中大小腿伸展發力，與此同時，身體重心由兩腳之間向前腳移動。

其次，在身體整體運動的同時，腳呈由上向斜下的直線運動，直線起點位於支撐腿膝關節內側，終點位於身體正前方的進攻路線上（大小腿完全伸展前腳的位置），大小腿的運動軌跡呈三角形，三角形所在的面與水平面呈45°左右的夾角。

踩腿技術中腿部的具體動作為，向體側抬大腿，方向為斜前方45°左右位置，抬腿高度不超過髖關節，大腿帶動小腿提起，小腿放鬆並勾腳尖，踝關節內側向上，髖關節、腳部以及目標物體呈一條直線，由身體的發力，大小

腿同時伸展發力。（圖 5-2-28 ～ 圖 5-2-31、圖 5-2-31
附圖）

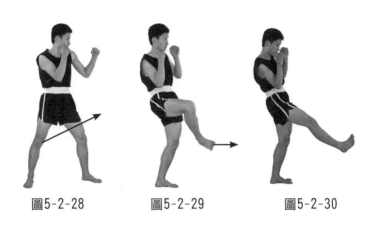

圖5-2-28　　　　　圖5-2-29　　　　　圖5-2-30

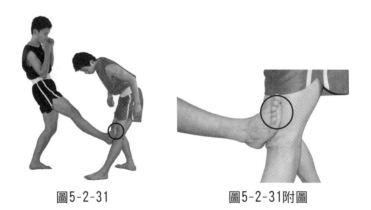

圖5-2-31　　　　　　圖5-2-31附圖

　　發力後大小腿回收，身體放鬆並還原成實戰姿勢，重
心還原至兩腳之間。
　　在踩腿技術中，為了配合身體發力，支撐腿必須配合

主動旋轉，支撐腿以前腳掌為軸內旋角度為 90° 左右，髖關節以身體縱軸為圓心旋轉 45° 左右，旋轉方向與支撐腿旋轉方向相同，雙肩位置保持不動。（圖5-2-32）

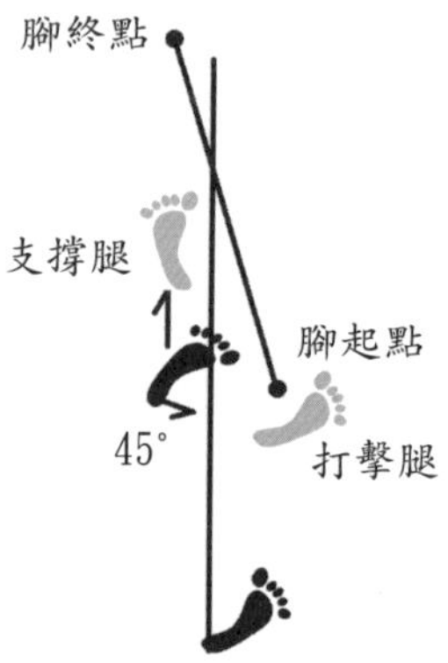

圖5-2-32

2. 教學步驟

（1）講解動作名稱及動作過程。

（2）快速示範，做快速完整的正、背、側三個面的動作示範，使學生建立對動作的初步印象。

①**正面示範**：提示學生注意觀察踩腿技術的準備姿勢為標準實戰姿勢站立，力點為腳底或腳跟。

②**背面示範**：提示學生注意觀察踩腿技術的步陣為支撐腿以前腳掌為軸內旋角度為 90° 左右，髖關節以身體縱軸為圓心旋轉 45° 左右，旋轉方向與支撐腿旋轉方向相同，雙肩位置保持不動。

③**側面示範**：提示學生注意觀察發力方向為由上向斜下發力。身體重心的變化規律為由兩腳之間向前腳移動，動作完成後身體重心回到兩腳之間。

（3）邊示範邊講解，請一個學生配合進行示範講解，講解的重點如下。

①運用條件為當對手使用拳法進攻或兩人纏抱在一起時使用該技術。

②重點進攻部位為對手脛骨、膝關節。

③進攻距離為中近距離進攻技術。

④主要力量的來源為蹬地力、轉髖力、大小腿伸展力。

（4）分解領做及練習，完成慢速分解領做、慢速完整練習、快速完整練習三個階段的教學。

①**慢速分解領做**：教師將完整技術動作分解為4個步驟並以口令的方式進行教學。首先是準備姿勢，準備姿勢站立好後；口令1，上步提膝；口令2，伸腿下踩；口令3，收腿回收還原。技術熟練後，可將4個步驟合併為3個步驟進行教學，準備姿勢站立好後；口令1，上步提膝伸腿下踩；口令2，收腿還原。

②**慢速完整練習**：學生動作熟練以後，教師口令指揮，學生慢速完成整個動作，這個過程中可反覆強調動作要領並糾錯。

③**快速完整練習**：教師口令指揮，學生把完整動作快速完成，重點使學生理解並掌握動作的發力及動作的連貫完整性。

（七）後撩腿技術

1. 動作方法及要點

後撩腿技術是以腳跟後部（腳跟是趾跟骨靠近跟腱一側）為力點，進攻對手襠、腹等部位的中近距離進攻技術，發力方向為由下向上發力。當對手從後方抱住我或從後方進攻時，可使用該技術進攻對手。

　　實戰勢站立，當對手從後方抱住我或從後方進攻時，運用身體的力量驅動下肢對對手實施打擊。

　　首先，雙腳同時蹬地發力，力量通過腿傳至髖關節，髖關節帶動大腿向後擺動發力，大腿帶動小腿，小腿回收勾腿發力，與此同時，身體重心橫向不發生位移，縱向由下向上運動，是提升重心的過程。

　　其次，在身體整體運動的同時，腳呈向斜上的拋物線運動，拋物線起點位於地面，終點位於體後，大小腿的運動軌跡呈扇形，扇形所在的面與水平面垂直。

　　後撩腿技術中腿部的具體動作為，大腿向體後擺起，擺大腿的同時，小腿內收。（圖 5-2-33～圖 5-2-35、圖 5-2-35 附圖）

　　發力後身體放鬆，轉身還原成實戰姿勢，重心還原至兩腳之間。

　　在後撩腿技術中，擊打腳離地後，支撐腿不旋轉，但需升高身體重心，髖關節以身體縱軸為圓心旋轉 45° 左

圖5-2-33

圖5-2-34

圖5-2-35

圖5-2-35附圖

右，方向為向擊打腿一側旋
轉，雙肩以身體縱軸為圓心
旋轉 90° 左右，旋轉方向與
髖關節旋轉方向相同。（圖
5-2-36）

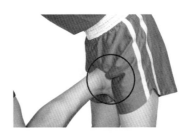

圖5-2-36

2. 教學步驟

（1）講解動作名稱及動
作過程。

（2）快速示範，做快速
完整的正、背、側四個面的動作示範，使學生建立對動作
的初步印象。

①**正面示範**：提示學生注意觀察後撩腿技術的準備姿
勢為標準實戰姿勢站立，力點為腳跟後部。

②**背面示範**：提示學生注意觀察後撩腿技術的步陣為
支撐腿旋轉，髖關節以身體縱軸為圓心旋轉 45° 左右，方

向為向擊打腿一側旋轉，雙肩以身體縱軸為圓心旋轉 90°
左右，旋轉方向與髖關節旋轉方向相同。

③**側面示範**：提示學生注意觀察發力方向為由下向上
發力。身體重心的變化規律為由兩腳之間向前腳移動，動
作完成後身體重心回到兩腳之間。

(3) 邊示範邊講解，請一個學生配合進行示範講解，
講解的重點如下。

①運用條件為當對手從後方抱住我或從後方進攻時使
用該技術。

②重點進攻部位為對手脛骨、膝關節。

③進攻距離為中近距離進攻技術。

④主要力量的來源為蹬地力、擺大腿力、勾小腿力。

(4) 分解領做及練習，完成慢速分解領做、慢速完整
練習、快速完整練習三個階段的教學。

①**慢速分解領做**：教師將完整技術動作分解為 4 個步
驟並以口令的方式進行教學。首先是準備姿勢，準備姿勢
站立好後；口令 1，上升重心；口令 2，擺腿後撩；口令
3，收腿還原。

②**慢速完整練習**：學生動作熟練以後，教師口令指
揮，學生慢速完成整個動作，這個過程中可反覆強調動作
要領並糾錯。

③**快速完整練習**：教師口令指揮，學生把完整動作快
速完成，重點使學生理解並掌握動作的發力及動作的連貫
完整性。

（八）震腳技術

1. 動作方法及要點

震腳技術是以腳跟（跟骨靠近腳底一側）為力點，進攻對手腳背等部位的近距離進攻技術，發力方向為由上向下發力。當對手從後方抱住我或兩人正面纏抱時，可使用該技術進攻對手。

實戰勢站立，當對手從後方抱住我或兩人正面纏抱時，運用身體的力量驅動下肢對對手實施打擊。

首先，任意腳蹬地，另一側髖關節向上提升，髖關節提升帶動大腿向前小幅度擺動，小腿微收，沉髖發力，力量傳至大小腿，大小腿伸展發力，同時身體重心下降形成重力加速，大小腿伸展後力量變為身體重力、沉髖力、大小腿伸展力的合力，用這種合力驅動腳部對對手進行打擊，與此同時，身體重心橫向不發生位移，縱向由下向上再向下運動，是提升重心再降低重心的過程。

其次，在身體整體運動的同時，腳呈向下的直線運動，直線起點位於支撐腿膝關節內側，終點位於地面，大小腿的運動軌跡呈三角形，三角形所在的面與水平面垂直。

震腳技術中腿部的具體動作為，向體前抬大腿，高度不超過髖關節，大腿帶動小腿提起，小腿放鬆並勾腳尖，通過身體的發力，大小腿同時伸展發力。（圖 5-2-37～圖 5-2-40、圖 5-2-40 附圖）

發力後身體放鬆，轉身還原成實戰姿勢，重心還原至兩腳之間。在震腳技術中，身體不轉動，但需升高身體重心後突然降重心。（圖 5-2-41）

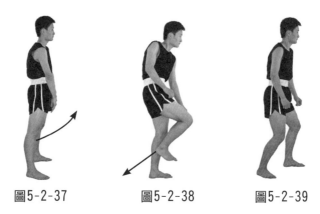

圖5-2-37　　　　圖5-2-38　　　　圖5-2-39

圖5-2-40

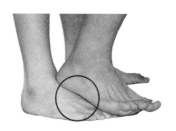

圖5-2-40附圖

2. 教學步驟

（1）講解動作名稱及動作過程。

（2）快速示範，做快速完整的正、背、側三個面的動作示範，使學生建立對動作的初

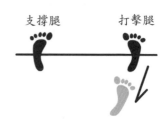

圖5-2-41

步印象。

①**正面示範**：提示學生注意觀察震腳技術的準備姿勢為平行姿勢站立，力點為腳跟。

②**背面示範**：提示學生注意觀察震腳技術中身體重心的變化。

③**側面示範**：提示學生注意觀察發力方向為由上向下發力。身體重心的變化規律為橫向重心不發生位移，縱向降低重心。

(3) 邊示範邊講解，請一個學生配合進行示範講解。

①運用條件為當對手從後方抱住我或兩人正面纏抱時使用該技術。

②重點進攻部位為對手腳背。

③進攻距離為近距離進攻技術。

④主要力量的來源為身體重力、沉髖力、大小腿伸展力。

(4) 分解領做及練習，完成慢速分解領做、慢速完整練習、快速完整練習三個階段的教學。

①**慢速分解領做**：教師將完整技術動作分解為 4 個步驟並以口令的方式進行教學。首先是準備姿勢，準備姿勢站立好後；口令 1，上升重心；口令 2，提膝；口令 3，伸腿震腳。

②**慢速完整練習**：學生動作熟練以後，教師口令指揮，學生慢速完成整個動作，這個過程中可反覆強調動作要領並糾錯。

③**快速完整練習**：教師口令指揮，學生把完整動作快速完成，重點使學生理解並掌握動作的發力及動作的連貫

完整性。

二、膝法攻擊技術

膝法技術由於其攻擊力度大、破壞力強，在實戰中有很大的實用性，在平時的訓練中加強練習，會收到很好的效果。

（一）正撞膝技術

1. 動作方法及要點

正撞膝技術是以膝關節前方為力點，進攻對手頭、胸、腹、襠等部位的中近距離進攻技術，發力方向為由下向上發力。當兩人正面纏抱並控制住對手雙手、肩部或頸部時，可使用該技術進攻對手。

實戰勢站立，當兩人纏抱在一起時，運用身體的力量驅動下肢對對手實施打擊。

首先，身體重心向前移動，身體形成向前的衝力，同時後腳蹬地，髖關節以身體縱軸為圓心向逆時針方向主動轉動發力，蹬地力及轉髖力帶動大腿向體前擺起發力，擺腿同時收腹，雙手回拉，與此同時，身體重心由兩腳之間向前腳移動。

其次，在身體整體運動的同時，膝部呈向前上的拋物運動，拋物線起點位於打擊腿膝關節處，終點位於身體正前方的進攻路線上，大小腿的運動軌跡呈扇形，扇形所在的面與水平面垂直。

正撞膝技術中腿部的具體動作為，打擊腿緊貼支撐腿

向正前方抬起，大小腿充分折疊，腳背繃直。（圖5-2-42～圖5-2-44、圖5-2-44附圖）

發力後身體放鬆，身體自然還原成實戰姿勢，重心還原至兩腳之間。在正撞膝技術中，為了配合身體發力，支撐腿必須配合主動旋轉，擊打腳離地後，支撐腿以前腳掌為軸內旋角度為90°左右，髖關節以身體縱軸為圓心旋轉90°左右，旋轉方向與支撐腿旋轉方向相同，雙肩以身體

圖5-2-42

圖5-2-43

圖5-2-44

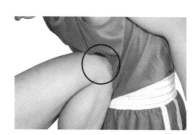

圖5-2-44附圖

縱軸為圓心旋轉 45° 左右，旋轉
方向與髖關節旋轉方向相同。
（圖 5-2-45）

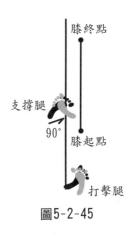

支撐腿

膝終點

90°

膝起點

打擊腿

圖5-2-45

2. 教學步驟

（1）講解動作名稱及動作過
程。

（2）快速示範，做快速完整
的正、背、側三個面的動作示
範，使學生建立對動作的初步印
象。

①**正面示範**：提示學生注意觀察正撞膝技術的準備姿
勢為標準實戰姿勢站立，力點為膝關節前方。

②**背面示範**：提示學生注意觀察正撞膝技術的步陣為
支撐腿以前腳掌為軸內旋角度為 90° 左右，髖關節以身體
縱軸為圓心旋轉 90° 左右，旋轉方向與支撐腿旋轉方向相
同，雙肩以身體縱軸為圓心旋轉 45° 左右，旋轉方向與髖
關節旋轉方向相同。

③**側面示範**：提示學生注意觀察發力方向為由下向上
發力。身體重心的變化規律為由兩腳之間向前腳移動，動
作完成後身體重心回到兩腳之間。

（3）邊示範邊講解，請一個學生配合進行示範講解，
講解的重點如下。

①運用條件為當兩人正面纏抱並控制住對手雙手、肩
部或頸部時使用該技術。

②重點進攻部位為對手腰部、肋部。

③進攻距離為中近距離進攻技術。

④主要力量的來源為身體衝力、蹬地力、轉髖力，擺大腿力、收腹力、雙手側拉力。

（4）分解領做及練習，完成慢速分解領做、慢速完整練習、快速完整練習三個階段的教學。

①**慢速分解領做**：教師將完整技術動作分解為 4 個步驟並以口令的方式進行教學。首先是準備姿勢，準備姿勢站立好後；口令 1，蹬地轉髖擰腰；口令 2，提膝扣膝撞擊；口令 3，回收還原。技術熟練後，可將 4 個步驟合併為 3 個步驟進行教學，準備姿勢站好後；口令 1，蹬地轉髖擰腰提膝扣膝撞擊；口令 2，收腿還原。

②**慢速完整練習**：學生動作熟練以後，教師口令指揮，學生慢速完成整個動作，這個過程中可反覆強調動作要領並糾錯。

③**快速完整練習**：教師口令指揮，學生把完整動作快速完成，重點使學生理解並掌握動作的發力及動作的連貫完整性。

（二）側撞膝技術

1. 動作方法及要點

側撞膝技術是以膝部（膝關節前方的髕骨及股骨內上髁）為力點，進攻對手腰、肋等部位的中近距離進攻技術，發力方向為由外向內發力。當兩人正面纏抱並控制住對手雙手、肩部或頸部時，可使用該技術進攻對手。實戰勢站立，當兩人纏抱在一起時，運用身體的力量驅動下肢

對對手實施打擊。

　　首先，身體重心向前移動，身體形成向前的衝力，同時後腳蹬地，髖關節以身體縱軸為圓心向逆時針方向主動轉動發力，蹬地力及轉髖力帶動大腿向體側抬起發力，抬腿同時擺大腿並收腹發力，雙手側拉，擺腿提膝後力量變為身體衝力、蹬地力、轉髖力、擺大腿力、收腹力、雙手側拉力的合力，用這種合力驅動膝部對對手進行打擊，與此同時，身體重心由兩腳之間向前腳移動。

　　其次，在身體整體運動的同時，膝部呈向斜上的拋物線運動，拋物線起點位於打擊腿膝關節處，終點位於身體正前方的進攻路線上，大小腿的運動軌跡呈螺旋形。

　　側撞膝技術中腿部的具體動作為，打擊腿向身體前方45°左右位置抬起，大小腿充分折疊，腳背繃直。由身體的發力，大小腿內旋，膝關節內扣發力。（圖 5-2-46 ～圖 5-2-48、圖 5-2-48 附圖）

圖5-2-46

圖5-2-47

圖5-2-48

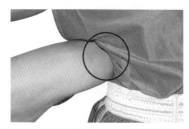

圖5-2-48附圖

　　發力後身體放鬆，身體自然還原成實戰姿勢，重心還原至兩腳之間。

　　在側撞膝技術中，為了配合身體發力，支撐腿必須配合主動旋轉，擊打腳離地後，支撐腿以前腳掌為軸內旋角度為 90° 左右，髖關節以身體縱軸為圓心旋轉 90° 左右，旋轉方向與支撐腿旋轉方向相同，雙肩以身體縱軸為圓心旋轉 45° 左右，旋轉方向與髖關節旋轉方向相同。（圖 5-2-49）

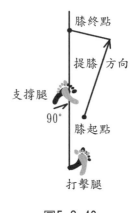

圖5-2-49

　　2. 教學步驟

　　（1）講解動作名稱及動作過程。

　　（2）快速示範，做快速完整的正、背、側三個面的動作示範，使學生建立對動作的初步印象。

①**正面示範**：提示學生注意觀察側撞膝技術的準備姿勢為標準實戰姿勢站立，力點為膝部。

②**背面示範**：提示學生注意觀察側撞膝技術的步陣為支撐腿以前腳掌為軸內旋角度為 90° 左右，髖關節以身體縱軸為圓心旋轉 90° 左右，旋轉方向與支撐腿旋轉方向相同，雙肩以身體縱軸為圓心旋轉 45° 左右，旋轉方向與髖關節旋轉方向相同。

③**側面示範**：提示學生注意觀察發力方向為由外向內發力。身體重心的變化規律為由兩腳之間向前腳移動，動作完成後身體重心回到兩腳之間。

（3）邊示範邊講解，請一個學生配合進行示範講解，講解的重點如下。

①運用條件為當兩人正面纏抱並控制住對手雙手、肩部或頸部時使用該技術。

②重點進攻部位為對手腰部、肋部。

③進攻距離為中近距離進攻技術。

④主要力量的來源為身體衝力、蹬地力、轉髖力，擺大腿力、收腹力、雙手側拉力。

（4）分解領做及練習，完成慢速分解領做、慢速完整練習、快速完整練習三個階段的教學。

①**慢速分解領做**：教師將完整技術動作分解為 4 個步驟並以口令的方式進行教學。首先是準備姿勢，準備姿勢站立好後；口令 1，蹬地轉髖擰腰；口令 2，提膝扣膝撞擊；口令 3，回收還原。技術熟練後，可將 4 個步驟合併為 3 個步驟進行教學，準備姿勢站立好後；口令 1，蹬地

轉髖撐腰提膝扣膝撞擊；口令 2，收腿還原。

　　②**慢速完整練習**：學生動作熟練以後，教師口令指揮，學生慢速完成整個動作，這個過程中可反覆強調動作要領並糾錯。

　　③**快速完整練習**：教師口令指揮，學生把完整動作快速完成，重點使學生理解並掌握動作的發力及動作的連貫完整性。

第六章　徒手擒拿格鬥術
摔法技術及其教法

　　摔法是一種將力量、速度和技巧等融合在一起的複合技術。「遠踢近打貼身摔」的搏擊理念就突出說明了在散打貼身的近距離對抗中摔法的重要性。

　　摔法種類繁多，本章選取的摔法多為在實戰中應用廣泛且較為有效，能很好地與踢、打拿相結合應用。

第一節　摔法技術的特徵

　　擒拿格鬥的摔法技術，與散打摔法、國際式摔跤、中國式摔跤及其他民族的不同摔跤有共同之處，但是，在長期的實戰中形成了自己獨特的技術特點，在某些方面，又得到了進一步的深化和發展。

一、摔法的運用原則

　　摔法是在瞬息萬變的對抗運動中捕捉戰機，巧妙的借力發力將對手制住。

　　使用摔法技術時在對抗中有效地尋找「戰機」或製造「戰機」，充分發揮自己運用自如、行之有效的「絕招」，將對手摔倒在地。

（一）動作快速

所謂快速，是根據實際情況，當雙方互相進行抱摔時，無論使用何種摔法動作，必須在最短的時間內完成動作的全過程，不給對手判斷和防守的時間，使自己始終處於較為主動的狀態。

（二）抓把部位多變

由於實戰時的情況複雜多變，不能輕易地抓住對手身體的某一部位，何況雙方又都是在使用不同的動作方法。在這種條件下使用摔法技術，不僅不能準確有效地抓住對手的有利部位，而且還在主動使用摔法時造成一定困難，這就體現了技術動作的複雜性。

因此，在平時訓練中，除掌握用於主動進攻的摔法之外，還必須掌握在對手拳、腳進攻的瞬間實施防守反擊的摔法技術，這種摔法技術能在對手出拳或出腿的瞬間將其摔倒，使自己掌握主動權，給對手造成強大的心理壓力。

（三）運用靈活，變化多樣

根據實戰中雙方的實戰姿勢和遠近距離，既有主動進攻的摔法，也有被動反攻的摔法；既有在遠距離的踢打中摟抱上下肢的摔法，又有在近距離貼身摟抱身體的摔法。

例如：常用的抱單腿摔、勾踢摔等不同的技術動作。不同類型的摔法技術構成摔法的獨特性，從而進一步促進了摔法的多樣化和靈活性。

現代快摔是在踢打技法的配合下，在瞬息萬變的實戰格鬥中捕捉戰機，巧妙地運用快速、迅捷的摔技來取勝的進攻技術。

一個優秀搏擊手，不僅要有精湛的踢打技術，同時也要有高超的快摔技巧。實戰中應根據不同的實戰姿勢、技擊方法和實戰距離等不同條件而使用不同摔法動作，根據對手進攻和防守的技術變化、實戰距離的遠近及對手步法和重心移動的情況運用摔法，「兵無常形，水無常態」講的就是變化的道理。

二、摔法的力學原理

我們知道在人體的前後左右四個方向的穩定係數是不一樣的，人體要維持這兩個方向的平衡而建立的力學條件是不一樣的。如兩腿呈馬步站立時，在身體左右方向上的穩定係數大，維持穩定平衡的程度高；而在前後方向上穩定係數小，人體容易失去重心倒地。

在人體前後方向如施加一個破壞平衡的力，那麼人體會產生繞支撐點轉動的效應，失去平衡。由於這個方向穩定程度小，所以我們施加的力也小，不一定是最大力量。同樣，如果身體呈弓步站立時，在左右方向上的穩定係數小，這個方向施加一個較小的力也會將對手摔倒。這樣的摔法技術動作既能有效摔倒對手，又能節省能量儲備。

這類的摔法技術動作有：抱單腿下壓摔、抱單腿別腿摔、抱單腿打腿摔、抱雙腿過肩摔、摟頸絆別摔、抄腿勾踢摔、抄抱鏟腿摔等摔法。

都利用了人體在某方向上的穩定性小的原理，而打腿和勾踢等動作主要的作用是固定對方的支撐腿，即固定支撐點；另外還起一個比較重要的作用，即破壞對方支撐腿

的支撐與發力。

破壞對手重心，使對手倒地的理由有以下幾種：

①上下同時兩個相反方向的挫力，摔法技術中的抱雙腿前拱摔就是這種發力方法的代表。

②旋轉離心力，以一方身體為圓心，旋轉發力，使對手圍繞自己身體快速做離心運動，迫使對手失去平衡，這種發力方法的摔法技術以抄鞭腿勾旋摔為代表。

③固定對手一端，使用方法使對手另一端加速運動，從而使對手失去平衡，這種發力方法的摔法比較多，確切地說每一種摔法技術都要固定對手的一端。

④慣性和制動，利用慣性原理，當對手向前進攻的衝量大時，向對手的下肢腳踝部位實施制動（纏絆），那麼對手很容易失去重心倒地。

當然，摔法技術是徒手擒拿格鬥技術中比較難以掌握的技術，它的把位變換多，發力的方法也不是單純的一種，有時候是幾種力同時運用的合力。因此，在學習摔法技術時，要首先對摔法的力學原理加以學習和掌握，這樣有利於更好更快地學習摔法技術。

第二節　摔法技術及教學方法

摔法技術的教學要突出倒地技術的學習和掌握，避免教學中的傷害事故發生。摔法技術學習要先簡後繁、由易到難、循序漸進、以點帶面、觸類旁通。

在教學的方法上要注意因人而異、區別對待，在兩人

配對的選擇上，要注意運動水準相當，和諧配合，互相包容，互相學習。透過摔法技術的教學讓練習者從中獲得一定的成功體驗，這種體驗強化了運動的行為，其結果是導致運動行為的持續和加強，直至運動習慣的形成。

（一）抱雙腿前拱摔技術

1. 動作方法及要點

雙方實戰勢站立，乙方在甲方無防備或防備意識薄弱時。首先，後腳蹬地，前腳向前邁步，身體形成向前的衝力，肩部頂在對手髖關節部位發力，與此同時雙手抱緊對方膝窩處向裡回拉發力，發力後力量變為肩部頂在髖關節的力與兩手回拉的力形成上下相錯的合力。

用這種合力作用於膝窩和髖關節將對手摔倒，身體重心由兩腳之間向進攻方向的前方移動。（圖 6-2-1～圖6-2-3）

圖6-2-1　　　　　　　圖6-2-2

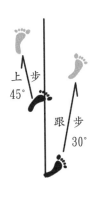

圖6-2-3　　　　　　　　圖6-2-4

【要點】下潛抱腿時進步要快，肩要頂緊對手左側腹部，迅速降低重心；肩猛力頂壓和雙手同時用力回拉協調用力，力量要猛，一氣呵成。

在抱雙腿前拱摔技術中，為了配合身體發力，雙腳必須配合主動上前，前腳以前腳掌為軸外旋角度為 45° 左右，後腳蹬地借力並隨著前腳上前外旋 30° 左右，身體旋轉角度約為 45°。（圖 6-2-4）

2.教學步驟與方法

(1) 講解動作名稱——抱雙腿前拱摔。

(2) 快速示範，做快速完整的正、背、側三個面的動作示範，使學生建立對動作的初步印象。

①**正面示範**：提示學生注意觀察抱雙腿前拱摔技術的準備姿勢為標準實戰姿勢站立，支點為膝窩。

②**背面示範**：提示學生注意觀察抱雙腿前拱摔技術的步陣為前腳以前腳掌為軸外旋角度為 45° 左右，後腳蹬地借力並隨著前腳上前，外旋 30° 左右，身體旋轉角度約為

45°。

③**側面示範**：提示學生注意觀察發力方向為上下相錯發力。身體重心的變化規律為由兩腳之間向前移動，動作完成後身體重心回到兩腳之間。

（3）邊示範邊講解，請一個學生配合進行示範講解。

①運用條件為當對手從正面發動進攻時使用該技術。

②重點進攻部位為對手髖關節、膝窩等部位。

③進攻距離為近距離貼身進攻技術。

④主要力量的來源為肩部頂在髖關節的力、手的回拉力。

（4）分解領做及練習，完成慢速分解領做、慢速完整練習、快速完整練習三個階段的教學。

①**慢速分解領做**：教師將完整技術動作分解為 5 個步驟並以口令的方式進行教學。首先是準備姿勢，準備姿勢站立好後；口令 1，進步下潛；口令 2，抱雙腿；口令 3，肩部頂髖，手臂回拉；口令 4，摔倒。

技術熟練後，可將 5 個步驟合併為 3 個步驟進行教學，準備姿勢站立好後；口令 1，進步下潛抱雙腿；口令 2，摔倒。

②**慢速完整練習**：學生兩人一組在教師的指揮下，將各個技術環節連貫完整練習。根據練習者的實際條件，可採用單人練習和雙人練習的形式。單人練習多採用行進間「空擊」練習，雙人練習多採用原地配合練習。學生動作熟練以後，教師口令指揮，學生慢速完成整個動作，這個過程中可反覆強調動作要領並糾錯。在慢速分解示範中，

重點講解以下內容。

a. **下潛時機**：對手正面使用拳法發動進攻或向我撲來時，我快速閃身進步下潛。

b. **下潛位置**：身體貼緊對手髖關節一側外方，降低重心。

c. **手的位置**：兩手摟抱對手兩腿膝窩處。

③**快速完整練習**：教師口令指揮，學生把完整動作快速完成，重點使學生理解並掌握動作的發力及動作的連貫完整性。

（二）靠身別摔技術

1. 動作方法及要點

以對手出拳進攻我為例，首先，後腳蹬地，前腳向前邁步，身體形成向側前方的衝力，上體向側方旋轉用力，同時靠肩發力，腿靠住對手的大腿後側絆別發力，手臂經對手腋下插入向身後打擊發力，發力後力量變為身體的衝力、上體的旋轉力、靠肩力、腿的靠別力、手臂打擊力的合力，用這種合力作用於大腿根部、腋下將對手摔倒，與此同時，身體重心由兩腳之間向進攻方向的側前方移動。（圖6-2-5～圖6-2-8）

圖6-2-5

圖6-2-6

圖6-2-7

【要點】側身閃防、抓腕、上步轉體要快速及時，上步後身體緊靠對方，靠身別摔時，肩撞靠、手拉、臂打要同時協調用力。

圖6-2-8

在靠身別摔技術中，為了配合身體發力，雙腳必須配合主動上前，前腳以前腳掌為軸外旋角度為90°左右，後腳蹬地借力並隨著前腳上前內旋90°左右，身體旋轉角度約為90°。（圖6-2-9）

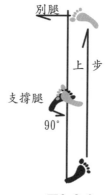

圖6-2-9

2. 教學步驟與方法

(1) 講解動作名稱——靠身別摔。

(2) 快速示範，做快速完整的正、背、側三個面的動作示範，使學生建立對動作的初步印象。

①正面示範：提示學生注意觀察靠身別摔技術的準備姿勢為標準實戰姿勢站立，支點為大腿根部。

②背面示範：提示學生注意觀察靠身別摔技術的步陣為前腳以前腳掌為軸外旋角度為 90° 左右，後腳蹬地借力並隨著前腳上前內旋 90° 左右，身體旋轉角度約為 90°。

③側面示範：提示學生注意觀察發力方向為上下相錯發力。身體重心的變化規律為由兩腳之間向前方移動，動作完成後身體重心回到兩腳之間。

(3) 邊示範邊講解，請一個學生配合進行示範講解。

①運用條件為當對手從正面發動進攻時使用該技術。

②重點進攻部位為對手胸、頸等部位。

③進攻距離為近距離貼身進攻技術。

④主要力量的來源為身體的衝力、上體的旋轉力、靠肩力、腿的靠別力和手臂打擊力。

(4) 分解領做及練習，完成慢速分解領做、慢速完整練習、快速完整練習三個階段的教學。

①慢速分解領做：教師將完整技術動作分解為 4 個步驟並以口令的方式進行教學。首先是準備姿勢，準備姿勢站立好後；口令 1：側閃進步；口令 2，撞胸別腿；口令 3，摔倒。

技術熟練後，可將 4 個步驟合併為 3 個步驟進行教

學，準備姿勢站立好後；口令1，側閃進步；口令2，撞胸別腿將其摔倒。

②**慢速完整練習**：學生兩人一組在教師指揮下，將各個技術環節連貫完整練習。根據練習者的實際條件，可採用單人練習和雙人練習的形式。單人練習多採用行進間「空擊」練習，雙人練習多採用原地配合練習。學生動作熟練以後，教師口令指揮，學生慢速完成整個動作，這個過程中可反覆強調動作要領並糾錯。

在慢速分解示範中，重點講解以下內容。

a. **靠身時機**：躲閃對手拳法後趁其未反應過來，迅速上步靠身。

b. **靠身位置**：身體緊貼對手左側，將其夾在兩腿之間。

c. **手臂位置**：撞擊對手胸部。

③**快速完整練習**：教師口令指揮，學生把完整動作快速完成，重點使學生理解並掌握動作的發力及動作的連貫完整性。

（三）夾頸過腰摔技術

1. 動作方法及要點

以對手出拳進攻我為例，首先，後腳蹬地，前腳向前邁步，身體形成向側前方的衝力，上體向下彎腰用力，同時提臀發力，手臂夾緊對手頸部向下發力，發力後力量變為身體的衝力、上體向下彎腰的力、提臀力、手臂夾力的合力，用這種合力作用於對手頸部以及髖關節將其摔倒。

圖6-2-10

圖6-2-11

圖6-2-12

圖6-2-13

圖6-2-14

（圖 6-2-10～圖 6-2-14）

【要點】上步格擋、抓腕、轉體快速及時，上步後身體緊靠對方，夾頸過腰摔時，手向下拉、提臀要同時協調用力。

在夾頸過腰摔技術中，為了配合身體發力，雙腳必須配合主動上前，前腳以前腳掌為軸外旋角度為 180° 左右，後腳蹬地借力並隨著前腳上前內旋 270° 左右，身體旋轉角度約為 180°。（圖 6-2-15）

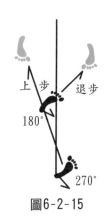

圖 6-2-15

2. 教學步驟與方法

(1) 講解動作名稱——夾頸過腰摔。

(2) 快速示範，做快速完整的正、背、側三個面的動作示範，使學生建立對動作的初步印象。

①正面示範：提示學生注意觀察夾頸過腰摔技術的準備姿勢為標準實戰姿勢站立，支點為對手髖關節。

②背面示範：提示學生注意觀察夾頸過腰摔技術的步陣為前腳以前腳掌為軸外旋角度為 180° 左右，後腳蹬地借力並隨著前腳上前內旋 180° 左右，身體旋轉角度約為 180°。

③側面示範：提示學生注意觀察發力方向為向上發力。身體重心的變化規律為由兩腳之間向前方移動，動作完成後身體重心回到兩腳之間。

(3) 邊示範邊講解，請一個學生配合進行示範講解。

①運用條件為當對手從正面發動進攻時使用該技術。

②重點進攻部位為對手頸部、手、髖關節等部位。

③進攻距離為近距離貼身進攻技術。

④主要力量的來源為身體的衝力、上體向下彎腰的力、提臀力和手臂夾的力。

(4) 分解領做及練習，完成慢速分解領做、慢速完整練習、快速完整練習三個階段的教學。

①**慢速分解領做**：教師將完整技術動作分解為 5 個步驟並以口令的方式進行教學。首先是準備姿勢，準備姿勢站立好後；口令 1，格擋上步；口令 2，夾頸轉體；口令 3，提臀下拉；口令 4，摔倒。

技術熟練後，可將 5 個步驟合併為 3 個步驟進行教學，準備姿勢站立好後；口令 1，上步夾頸；口令 2，提臀下拉將其摔倒。

②**慢速完整練習**：學生兩人一組在教師指揮下，將各個技術環節連貫完整練習。根據練習者的實際條件，可採用單人練習和雙人練習的形式。單人練習多採用行進間「空擊」練習，雙人練習多採用原地配合練習。學生動作熟練以後，教師口令指揮，學生慢速完成整個動作，這個過程中可反覆強調動作要領並糾錯。

在慢速分解示範中，重點講解以下內容。

a. **靠身時機**：躲閃對手拳法後趁其未反應過來，迅速上步靠身。

b. **靠身位置**：身體右側貼緊對手右髖，右腿撞擊其右腿。

c. **手的位置**：左手抓緊對手右臂並下拉，右手臂摟緊其頸部並下壓。

③**快速完整練習**：教師口令指揮，學生把完整動作快

速完成，重點使學生理解並掌握動作的發力及動作的連貫完整性。

（四）夾臂過背摔技術

1. 動作方法及要點

以對手出拳進攻我為例，首先，後腳蹬地，前腳向前邁步，身體形成向側前方的衝力，上體向下彎腰用力，同時撅臀發力，手臂夾緊對手上臂向下發力，發力後力量變為身體的衝力、上體向下彎腰的力、撅臀力和手臂夾臂力的合力，用這種合力作用於上臂腋窩處以及髖關節將對手摔倒。（圖6-2-16～圖6-2-20）

【要點】上步夾頸快速，轉體後臀部和背部緊貼對手；轉體、夾頸、撅臀動作連貫完整，一氣呵成。

在夾臂過背摔技術中，為了配合身體發力，雙腳必須配合主動上前，前腳以前腳掌為軸外旋角度為180°左右，後腳蹬地借力並隨著前腳上前內旋270°左右，身體旋轉角度約為180°。（圖6-2-21）

圖6-2-16

圖6-2-17

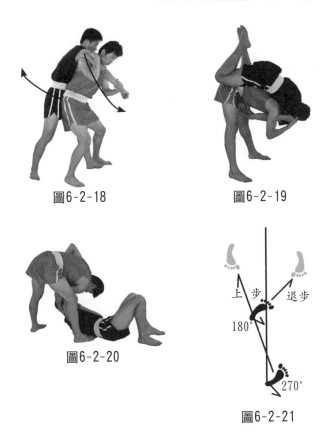

圖6-2-18

圖6-2-19

圖6-2-20

圖6-2-21

2. 教學步驟與方法

（1）講解動作名稱——夾臂過背摔。

（2）快速示範，做快速完整的正、背、側三個面的動作示範，使學生建立對動作的初步印象。

①**正面示範**：提示學生注意觀察夾臂過背摔技術的準備姿勢為標準實戰姿勢站立，支點為對手髖關節。

②**背面示範**：提示學生注意觀察夾臂過背摔技術的步陣為前腳以前腳掌為軸外旋角度為 180° 左右，後腳蹬地

借力並隨著前腳上前內旋 180° 左右，身體旋轉角度約為 180°。

③**側面示範**：提示學生注意觀察發力方向為向下發力。身體重心的變化規律為由兩腳之間向前方移動，動作完成後身體重心回到兩腳之間。

(3) 邊示範邊講解，請一個學生配合進行示範講解。

①運用條件為當對手從正面發動進攻時使用該技術。

②重點進攻部位為對手上臂腋窩、髖關節等部位。

③進攻距離為近距離貼身進攻技術。

④主要力量的來源為身體的衝力、上體向下彎腰的力、撅臀力和手臂夾臂的力。

(4) 分解領做及練習，完成慢速分解領做、慢速完整練習、快速完整練習三個階段的教學。

①**慢速分解領做**：教師將完整技術動作分解為 5 個步驟並以口令的方式進行教學。首先是準備姿勢，準備姿勢站立好後；口令 1，格擋上步；口令 2，夾臂轉體；口令 3，撅臀下拉；口令 4，摔倒。

技術熟練後，可將 5 個步驟合併為 3 個步驟進行教學，準備姿勢站立好後；口令 1，上步夾臂；口令 2，撅臀下拉將其摔倒。

②**慢速完整練習**：學生兩人一組在教師指揮下，將各個技術環節連貫完整練習。根據練習者的實際條件，可採用單人練習和雙人練習的形式。單人練習多採用行進間「空擊」練習，雙人練習多採用原地配合練習。學生動作熟練以後，教師口令指揮，學生慢速完成整個動作，這個

過程中可反覆強調動作要領並糾錯。

在慢速分解示範中，重點講解以下內容。

a. **靠身時機**：架防後趁對手無防備時，我身體突然向前進步貼身。

b. **靠身位置**：右腳落在對手兩腳之間，兩腿屈膝背對對手。

c. **手的位置**：左右手抓住對手右臂。

③**快速完整練習**：教師口令指揮，學生把完整動作快速完成，重點使學生理解並掌握動作的發力及動作的連貫完整性。

（五）抱腰上提摔技術

1. 動作方法及要點

以對手出拳法進攻我為例，首先，後腳蹬地，前腳向前邁步，身體形成下潛向前的衝力，膝關節挺膝向上發力，手臂抱緊對手上體向上發力，同時擰腰向下發力後力量變為身體下潛向前的衝力、挺膝力、手臂向上提力、擰腰力的合力，用這種合力作用於對手腰腹部將其摔倒，與此同時，身體重心由兩腳之間向進攻方向的側後方移動。（圖6-2-22～圖6-2-25）

圖6-2-22

圖6-2-23

圖6-2-24

圖6-2-25

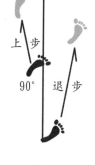

圖6-2-26

【要點】閃身上步快，夾抱腰要緊，擰腰須蹬腿，轉腰、下按動作要快速、突然、連貫。

在抱腰上提摔技術中，為了配合身體發力，雙腳必須配合主動上前，前腳以前腳掌為軸外旋角度為 90° 左右，後腳蹬地借力並隨著前腳上前，身體旋轉角度約為 90°。（圖 6-2-26）

2. 教學步驟與方法

(1) 講解動作名稱——抱腰上提摔。

(2) 快速示範，做快速完整的正、背、兩側四個面的動作示範，使學生建立對動作的初步印象。

①**正面示範**：提示學生注意觀察抱腰上提摔技術的準備姿勢為標準實戰姿勢站立。

②**背面示範**：提示學生注意觀察抱腰上提摔技術的步陣為前腳以前腳掌為軸外旋角度為 90° 左右，後腳蹬地借力並隨著前腳上前內旋 90° 左右，身體旋轉角度約為 90°。

③**側面示範**：提示學生注意觀察發力方向為上提下放相錯發力。身體重心的變化規律為由兩腳之間向側後方移動，動作完成後身體重心回到兩腳之間。

(3) 邊示範邊講解，請一個學生配合進行示範講解。

①運用條件為當對手從正面發動進攻時使用該技術。

②重點進攻部位為對手腰、腹等部位。

③進攻距離為近距離貼身進攻技術。

④主要力量的來源為身體下潛向前的衝力、挺膝力、手臂向上提的力和撐腰力。

(4) 分解領做及練習，完成慢速分解領做、慢速完整練習、快速完整練習三個階段的教學。

①**慢速分解領做**：教師將完整技術動作分解為 5 個步驟並以口令的方式進行教學。首先是準備姿勢，準備姿勢站立好後；口令 1，下潛上步；口令 2，抱腰；口令 3，上提下放；口令 4，摔倒。

技術熟練後，可將 5 個步驟合併為 3 個步驟進行教

學，準備姿勢站立好後；口令1，上步抱腰；口令2，上提下放將其摔倒。

②**慢速完整練習**：學生兩人一組在教師指揮下，將各個技術環節連貫完整練習。根據練習者的實際條件，可採用單人練習和雙人練習的形式。單人練習多採用行進間「空擊」練習，雙人練習多採用原地配合練習。學生動作熟練以後，教師口令指揮，學生慢速完成整個動作，這個過程中可反覆強調動作要領並糾錯。

在慢速分解示範中，重點講解以下內容。

a. **閃身時機**：對手左拳攻擊的同時我閃身並用右手撥開對手攻勢。

b. **夾抱位置**：兩臂夾緊對手腰部，用力上提。

③**快速完整練習**：教師口令指揮，學生把完整動作快速完成，重點使學生理解並掌握動作的發力及動作的連貫完整性。

第七章 徒手擒拿格鬥術 擒拿技術及其教法

擒拿簡稱「拿」，擒拿術是搏擊術中一種特有的技擊方法，是中國武術踢、打、摔、拿四大技術體系的一個重要組成部分。它具有十分明顯的防身技擊作用，因此成為廣大習武者喜見樂學的技術方法。

擒拿術在明代稱為鎖技，清代稱為串指，到民國時期才稱之為擒拿，又稱拿技。

關於擒拿的定義，眾說紛紜，《辭海》的解釋是：一種用反關節、點穴等方法使對手不能再反抗的拳術；擒者，捉也，拿者牽引也，在中國武術中，各門各派對擒拿的理解也不盡相同，沒有一個確定的概念，但都承認擒拿術是一種運用反關節原理，制對手一點或一個環節而達到控制對手，使其喪失反抗能力的實用技術。

筆者分析了多種擒拿術的定義，反覆比較、推敲，有三個定義較之其他更為全面合理：①《中外十大搏擊》寫道：所謂擒拿，就是在與對手短兵相接的搏鬥中，運用切、點、鎖、扣、壓、擰等手法，攻擊對手的關節、穴道和要害部位，使對手身體局部產生劇痛而束手就擒的一種技術方法。②趙大元認為：擒拿技術是以擊打掐拿要害部位和抓經拿脈、分筋錯骨為主要手段，融踢打摔拿為一

體，是一種剛柔相濟、陰陽相變、周流圓活、以巧取勝的實用技術。③舒建臣認為：擒拿術是以至微之巧力，擒敵於肢體一部位或某部位，使其身體受節制，而失去反抗能力被擒的技術或技法。

本教材把擒拿理解為：擒拿運用各種方法，反側對手關節，使對手關節超過最大活動範圍而受傷或受制，拿其一點而制全身的一種技巧性實用技術。

擒拿術作為一種獨特的技擊技術，有著豐富的內容和完整的理論技術體系，它主要針對人體要害薄弱部位、關節和肌肉、神經，根據這些要害薄弱部位、關節的活動原理和肌肉、神經走向機制的生理特點以及受傷的反應機制，使用刁、拿、扣、鎖、擰、扳、挫等方法對對手實施控制與打擊。在技擊中一旦出手，使對手有力而無所用，拳、腳、肘、胯、手處處不能行。擒拿使人體的各部關節與肌肉的屈伸，超過活動極限或向反方向扭轉而造成關節脫落，疼痛難忍，使對手沒有還擊的餘地，在近距離技擊中可使用擒拿術以巧勁制服對手。

古語說：「擒拿講究不動不打，動就打，打中有拿，拿中拿，拿中有摔，摔中有打。」講的就是在格鬥中，不能為拿而拿，要把踢、打、摔、拿四種方法有機結合。

第一節　擒拿技術的基本原理

擒拿格鬥術繼承了古代技擊法的精華，又經過專門的實踐與創新，自成體系，獨具一格。從流傳在民間的多種

擒拿術方法中，可以看到其技擊特點非常突出，實用效果特別顯著，確有變化莫測之妙，「分筋錯骨」之威。它以巧制關節為手段，以擒伏對手為目標，以不傷害對手而達擒獲為高超技能，充分體現中華武術「巧打拙，柔克剛」的特點。這些絕招妙技所具有的深奧法理，不僅毫不神秘，而且完全符合現代生理學和運動力學的原理，有著嚴格的科學根據。

正確掌握擒拿術的原理與法則，深刻領悟其變化之精義，用科學的觀點探索其生剋制化的演繹規律，必定能更好地繼承這項寶貴遺產，促進其弘揚於世界。

一、擒拿的部位

通曉人體骨節、筋韌及穴位血脈等生理結構及機能，是掌握擒拿格鬥術基本原理的前提，也是施術進攻的必備知識。對攻擊目標的明晰精熟，既能恰當發手，準確無誤，又能隨機應變，任心成妙。

對筋骨學理的深研解悟，既能知道其傷害輕重，適人應用，恰到好處，又能對脫斷之筋骨進行治療，並能因此發現現有技術的不足，以其修正和改進這些技術。

（一）關節部位

骨與骨之間借結締組織連接稱之為關節。關節的結構包括基本結構和輔助結構連接部分。關節的基本機構是構成關節必須具備的結構，包括關節面與關節軟骨、關節囊和關節腔三部分組成；關節的輔助結構是指為增大關節

的活動範圍和穩固性而分化的結構，包括韌帶、關節內軟骨、關節唇、滑膜囊和滑膜襞等。關節的運動是關節繞某一關節運動軸產生的各種運動，人體的關節運動有屈伸、外展和內收、旋轉和環轉四種基本形式。人體的每一個關節都有自己的運動形式和活動幅度，對關節的運動形式採用逆向用力或是關節的運動幅度超過它的最大幅度，都會對關節產生損傷，力量過大時，甚至會使關節脫位。

要注意的是：人體的活動是以運動鏈的形式展開，人體的關節活動並不是單一的一個關節的個別運動，關節的活動往往要相鄰關節和肌肉、神經的協調配合才能完成。因此，在對關節實施擒拿時，必須考慮相鄰關節的活動，必須考慮運動鏈中各環節的運動自由度。

對關節的擒拿往往是對幾個關節運動鏈系統的擒拿，擒拿控制關節的第一步是控制遠端關節，盡可能減少其運動的自由度；第二步是反側、固鎖相鄰關節運動鏈的主要環節。例如：對手腕的擒拿就必須考慮肘關節、肩關節的運動，只有在控制手腕的主要環節後，對肘關節和肩關節採取封、固、鎖，才能成功實施對手腕的控制，進而控制對手手臂，形成擒拿。古拳諺語講「吃手必吃肘，固手必翻肘」，講的就是這個道理。

（二）血管、肌肉和神經

血管是供應人體各組織營養、水分和氧氣的通道，肌肉運動系統中的動力源。人體的運動是在血管供應能量的前提下，神經支配肌肉收縮，牽拉骨繞關節運動軸轉動，

從而使身體局部和整體保持某種運動姿勢。在人體肌肉較厚的部位，血管和神經有肌肉的保護，大的動脈和植物神經在肌肉深層，一般不容易傷到，但是對這些部位使用重手法進行揹拿，同樣會損傷肌肉，進而壓迫血管和神經，使身體某部位神經傳導路不通，血流不暢，從而限制人體某部位的活動，甚至使某部位暫時喪失運動功能。

人體的血管和神經像兩張巨大的網路佈滿人體各個部位，在肌肉厚實的部位和人體內側有肌肉與骨骼的保護，但在關節處、肌肉薄弱的部位、關節窩、頸背脊柱部位、重要臟腑淺表部位等血管和神經沒有厚實肌群保護，形成淺支，外層只有一層薄薄的表皮和結締組織。

另外，人體大肌肉塊之間都有縫隙，有些縫隙在肌肉間形成交叉稱之為肌肉縫隙交接處。在體表，表現為大肌肉塊之間皮膚微微凹陷的部位。例如：小腿後肌群「承山穴」所處的位置，就是屬於連會肌肉縫隙的交接處，這些地方受到攻擊，會產生劇烈疼痛。這些地方在徒手擒拿格鬥中，往往成為抓經拿脈的重點部位，一旦這些地方遭到揹拿，視勁力大小，人體會產生劇烈的疼痛，會使肌體的某部位暫時或永久喪失運動能力。例如：頸部頸側動脈、腋下淋巴神經叢、肘部的肘關節神經叢、膝關節腓總神經等都成為擒拿的首選揹拿部位。

二、人體各部位的擒拿控制方法

①**頭部**：插眼、拉耳、摳鼻、扳腮、推頜、抓髮、按頭、挫頸。

②**頸部**：卡頸、鎖喉、封喉、砍頸。

③**肩部**：別肩、抓肩、卸肩、擰臂。

④**肘部**：別肘、壓肘、托肘、扳肘、扛肘。

⑤**腕部**：纏腕、折腕、擰腕、扳腕、捲腕。

⑥**掌指部**：扳扯、剔折、斷指、捲掌、扣壓合谷。

⑦**腰部**：抱腰、折腰、箍腰、扳腰。

⑧**襠部**：抓襠、別襠、掏襠、撩襠。

⑨**膝胯部**：別胯、挫膝、壓膝。

⑩**踝關節**：封步、挫踝、踩腳、別腿、扭腳。

三、擒拿技術的特徵

擒拿技術不同於踢打的直接明快，也不同於摔法的破樁倒身，是一門理法獨特、深奧複雜、系統完整的技擊術。一旦成手，則肢殘骨折，招下難逃，根據其攻防特點歸納為以下主要特徵。

（一）搶點準，下手快

與對手進行格鬥時，迅速找到對手的要害薄弱部位，用合理有效的擒拿技術快速攻擊對手，進而制服對手。這就需要平時多努力練習，把動作完全掌握住，用的時候才能得心應手。擒拿術很多時候需要一招制敵，搶點準，下手快，才能在對手毫無反應之時取得先機。

（二）手腳相伴，打拿結合

擒拿術的應用，不僅僅是在手法上的運用，更多的

時候是手法與步法、身法密切結合，使整個擒拿形成整體性，能最大地發揮出擒拿的威力。

人本身就是一個整體，所以在使用擒拿術時不可能手腳分開發力。踢打摔拿有機結合才是取勝的法寶。

（三）抓拿神經，反挫關節

擒拿技術的根本和核心就是抓拿神經、反挫關節，即擒和拿相結合，二者相輔相成，形成擒拿。

擒拿針對的對象是人，人體在生理解剖結構上有很多要害、薄弱部位。這些部位受到外力打擊或壓迫時，出現傷殘、昏迷、休克、死亡以及某些肌體發生功能性障礙，使對手戰鬥力減弱或喪失反抗能力。反挫關節則是用擒拿技術透過旋、擰、搓、壓、折等手法，使對手關節超出其最大活動範圍，進而疼痛難忍，喪失反抗能力。

（四）以拿為主，摔拿兼施

擒拿的方法有很多，受人體關節活動規律和人體運動特點限制，每一種擒拿相對應的有很多解脫和反擒拿的方法，因此對擒拿法的分類也是一個十分重要的問題。

在技擊實戰中，擒拿術更多的是踢擊技術、打擊技術和摔法結合使用，所謂「踢中有打，打中有摔，連摔帶拿，拿中有踢打，踢打摔拿有機結合」講的就是這個道理。所以本教材對擒拿術的分類是把它與踢擊技術、打擊技術和摔法技術相結合，目的是讓學練者更清楚地認識擒拿術，更清楚地瞭解擒拿術的一些特定運用環境，讓擒拿

術更好地為學練者服務。

第二節　擒拿技術的分類及教學方法

在技擊實戰中，作為實戰的一方，為了制服對手，一般採取主動進攻的方法攻擊對手，但是某些特定環境裡，實戰的參與者面對更多的是如何解脫對手的糾纏，運用反擊制服對手。因此，我們對擒拿術的分類也從這兩個方向入手，把擒拿術分為用於主動進攻的主動擒拿和用於防守反擊的被動反擒拿兩大類。

擒拿術有著自己豐富而獨立的技術理論體系，我們不可能把所有的技術方法都做詳細的講解，只選取生活中常見的、簡單易學的主動擒拿與被動反擒拿技術配以文字和動作路線圖加以說明。

一、主動擒拿技術

實戰中以擒拿術主動進攻制服對手的方法統稱為主動擒拿。在本教材編寫過程中，考慮到主動擒拿手法的多樣，又兼顧到生活中比較典型的情景，選擇了這些具有代表性、相對簡單易學的主動擒拿技術。

（一）抓腕卡喉

1. 動作方法及要點

在接近對手右側時，我左手虎口向前快速扣拿對手右手腕關節，同時上右腳插在對手右腿後，右手抓拿對手頸

部咽喉；左手向身體左側用力拉、右手抓按、右腿向右猛絆對手右腿，形成一種旋挫力，將對手摔倒，然後順勢右膝猛跪對手肋部，將其擒住。（圖7-2-1～圖7-2-4、圖7-2-2附圖）

　　【要點】左手抓拿對手手腕要迅速準確，一步到位；拉臂、抓按咽喉和絆腿用力協調，力量要大；將敵摔倒擒住後，可配合左手折腕，擒拿效果會更好。

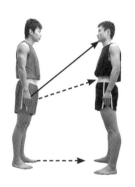  

圖7-2-1　　　　　圖7-2-2　　　　　圖7-2-2附圖

圖7-2-3　　　　　圖7-2-4

2. 教學步驟與方法

（1）示範，由於抓腕卡喉的示範必須由兩人配合才能完成，因此在教學中，一般採用側向位的示範，這樣能夠讓學生看清楚技術動作的整個過程。示範方法一般採用完整攻防示範、慢速分解示範和慢速完整示範。

①**完整攻防示範**：請一位同學出列，配合教師做完整的攻防示範，學生站立在教師右側，教師快速用抓腕卡喉的手法將學生擒住。

②**慢速分解示範**：把抓腕卡喉的手法分解為四步。第一步學生站於教師右側，教師左手扣住對手的右手，讓學生看清楚兩人之間的距離。第二步右手抓拿對手頸部咽喉，要求學生看清楚抓拿喉嚨的手法。第三步右腳插到對手右腿後，猛絆其右腿，要求學生看清楚插腳的位置。第四步對手倒地後用右膝蓋猛跪對手肋部，要求學生注意跪膝的部位和抓拿的手法。

③**慢速完整示範**：學生配合教師做完整的慢速抓腕卡喉手法示範，重點讓學生看清楚動作的整個過程和路線。

（2）邊講解邊示範，講解的重點是每一步動作環節的路線、用力方向和步法移動的方位。

就抓腕卡喉而言，第一步學生站在教師右側，教師左手虎口朝前快速扣拿對手的右手腕關節，重點提醒學生在抓扣的時候要準確一步到位。

第二步右手抓拿對手頸部咽喉，重點講解在抓拿咽喉時要運用虎口內合的力量扣拿住對手咽喉。

第三步右腳插到對方右腿後，左手向身體左側用力

拉，右手抓按，右腿向右猛絆對手右腿，形成一種錯力，將對手摔倒。重點講解左手的拉腕、右手的抓按和右腿的絆三者之間的連貫性。

第四步在對手倒地後，右膝猛跪對手的肋部，重點講解跪膝的部位和把對手擒住後抓腕、卡喉、跪膝三者的整體性。

（3）練習，教師指揮學生兩人一組，自由配對，分甲乙雙方進行練習。重點提示在練習時體會抓腕、鎖喉、絆腿和跪膝四者之間的動作方法，以及四者之間的連貫性，特別強調在練習卡喉和跪膝時不能用力過猛，以免傷害到對手。

①**分解練習**：教師提示口令1，甲方抓腕；口令2，甲方卡喉；口令3，甲方插腿；口令4，甲方跪膝。學生依據教師口令進行各個環節的動作練習。

②**慢速完整練習**：在學生學會動作的各個環節後，教師用口令「預備」「1」「2」「3」「4」提示學生進行動作練習，在這個過程中，重點體會各環節的動作連貫性、動作路線和用力方向，強調不能使用爆發力。

③**交換練習**：學生學會動作後，交換角色進行練習，體會不同角色在動作練習過程的不同感受。

（4）效果檢驗和糾錯，學生掌握動作方法以後，要對學習的效果進行檢驗。在抓腕卡喉的效果檢驗中，如果鎖喉的部位出錯，那麼被拿的學生很容易掙脫，此時教師要仔細分析出現這種錯誤的原因，然後講解示範正確的動作方法，再讓學生體會動作，使其正確理解抓腕卡喉手法中

鎖喉的重要性，從而使學生更好地掌握技術動作。

（二）頂肘折腕

1. 動作方法及要點

從對手後方接近其右側時，右手拖住對手右前臂，同時左手從對手右臂與身體之間穿過迅速抓握其右手腕，兩手合抱對手右手腕回拉，使其肘關節屈頂於我上臂與肋部之間，腕關節過度內收，產生劇烈疼痛而被我擒住。（圖7-2-5～圖7-2-7）

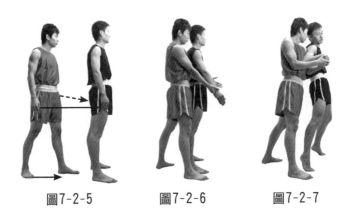

圖7-2-5　　　圖7-2-6　　　圖7-2-7

【要點】左手抓握對手腕關節要快，抓握部位準確，拇指頂扣對手腕關節正中神經淺支，其餘四指扣緊，回拉力量大，動作乾脆，必須把對手肘關節牢牢頂扣在我左腋下，使其不能解脫。

2. 教學步驟與方法

（1）示範，由於頂肘折腕技術的示範必須由兩人配合

才能完成，因此在教學中，一般採用側向位的示範，這樣能夠讓學生看清楚技術動作的整個過程。示範方法一般採用完整攻防示範、慢速分解示範和慢速完整示範。

①**完整攻防示範**：教師請一位同學出列，配合教師做完整的攻防示範，學生站在教師的左前側，教師上步右手托其右前臂，用頂肘折腕的手法將其擒住。

②**慢速分解示範**：把頂肘折腕手法分解為三步，第一步教師上步右手拖住對手右前臂，重點讓學生看清楚拖手動作的方法和路線。第二步左手從對手右臂與身體之間穿過抓握對手的右手腕，重點讓學生看清楚動作路線和抓握方式。第三步雙手合抱對手右手腕回拉，頂肘折腕，重點讓學生看清楚兩手用力方向和路線。

③**慢速完整示範**：學生配合教師做完整的慢速頂肘折腕手法示範，重點讓學生看清楚動作的整個過程、動作方法和發力要點。

(2) 邊講解邊示範，講解的重點是每一個動作環節的路線和發力要點。

第一步教師右手托住對方的右前臂，抓握的部位為對手的手腕，重點講解兩人之間的距離和拖起的部位。

第二步教師左手從對手右臂與身體之間穿過迅速抓握對手右手腕，重點講解穿插過程中注意一定要把對方的右前臂拖住，以及穿插後抓握對手的手腕部位。

第三步雙手合抱對手右手腕回拉，同時使對手肘關節屈頂在左腋，腕關節過度內收，重點講解動作的用力要點和控制對方肘關節的位置。

（3）練習，教師指揮學生兩人一組，自由配對，分甲乙雙方進行練習。重點提示學生在練習時體會折腕用力要點和準確地讓對手的肘關節頂到我腋窩部位。特別強調不能使用爆發力。

①**分解練習**：教師提示口令1，甲方拖起乙方手臂；口令2，甲方插臂並抓握乙方手腕；口令3，甲方頂肘折腕擒住乙方。學生依據教師口令進行各個環節的動作練習。

②**慢速完整練習**：在學生學會動作的各個環節後，教師用口令「預備」「1」「2」「3」提示學生進行動作練習，在這個過程中，重點讓學生體會折腕的動作方法和頂肘的動作部位，強調不能使用爆發力。

③**交換練習**：學生學會動作後，交換角色進行練習，體會不同角色在動作練習過程中的不同感受。

（4）效果檢驗和糾錯，學生掌握動作方法以後，要對學習的效果進行檢驗，主要由被擒拿學生的感受回饋來檢驗。在頂肘折腕手法效果檢驗中，如果對方的肘關節沒頂到腋窩，那麼對手很容易掙脫，此時教師要仔細分析出現這種錯誤的原因，講解肘關節為什麼要頂到腋窩，使其正確理解肘關節頂在腋窩部位的重要性，從而使學生更好地掌握技術動作。

（三）別臂壓頭

1. 動作方法及要點

當對手伸手與我握手或抬右手時，我迅速上步，左手從對手右手與身體間穿過，將其右臂扛於肩上，左臂用力

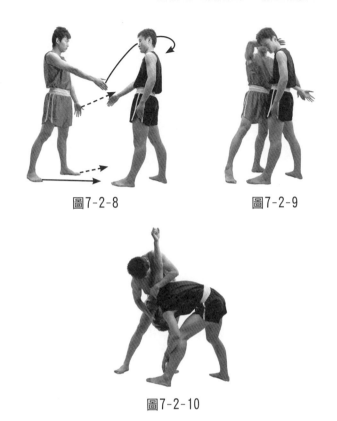

圖7-2-8　　　　　　　圖7-2-9

圖7-2-10

按壓其肩部，同時右手自下而上至對手頭部枕骨部位；然後身體前傾右轉，左肩上抬鎖定對手肩關節，同時右手用力按壓對手頭部，迫使其勾頭呼吸不暢而被擒住。（圖7-2-8～圖7-2-10）

【要點】上步要快，左臂按壓對手肩部力量要大；由於頸部向前按壓時，枕骨部位拮抗力量最薄弱，所以按壓對手頭部時，部位務必找準。為防止對手前滾翻解脫，鎖定對手後，身體須前傾，重心下沉。

2. 教學步驟與方法

(1) 示範，由於別臂壓頭技術的示範必須由兩人配合才能完成，因此在教學中，一般採用側向位的示範，這樣能夠讓學生看清楚技術動作的整個過程。示範方法一般採用完整攻防示範、慢速分解示範和慢速完整示範。

①**完整攻防示範**：教師請一位同學出列，配合教師做完整的攻防示範。學生站於教師右側伸右手欲與教師握手，教師迅速使用別臂壓頭手法將其擒住。

②**慢速分解示範**：教師把別臂壓頭手法分解為三步，第一步學生站於教師右側伸右手欲與教師握手，教師迅速上步將左手從其右手與身體之間插過，並將其右臂扛於肩上，重點讓學生看清楚動作路線和步法的移動。第二步教師右手按住其頭部，重點讓學生觀察右手所按壓的部位。第三步右手發力將其擒住，重點讓學生觀察發力的要點和動作的完整性。

③**慢速完整示範**：學生配合教師做完整的慢速別臂壓頭手法示範，重點讓學生看清楚動作的整個過程和路線。

(2) 邊講解邊示範，講解的重點是每一步動作環節的路線、發力要點和步法移動的方位。

在講解示範中，第一步學生站於教師右側伸右手欲與教師握手，教師迅速上步到對手的身體後面，將左手從其右手與身體之間穿過，並將對手的右臂扛在肩上，左臂用力按壓對手肩部。重點講解動作路線、發力要點和步法上的位移。

第二步教師右手自下而上按壓對手頭部枕骨部位，重

點講解右手所按的部位。

第三步身體前傾，重心下沉，左肩前壓，鎖定對手肩關節，同時右手用力按壓對手頭部枕骨部位將其擒住，重點講解動作發力要點，鎖肩和壓頭兩者的完整性。

(3) 練習，教師指揮學生兩人一組，自由配對，分甲乙雙方進行練習。重點提示學生鎖肩和壓頭兩者的整體性，防止對手解脫。同時要提醒學生動作路線和用力方向，特別強調不能使用爆發力。

①**分解練習**：教師提示口令 1，甲方壓乙方肩部；口令 2，甲方右手按壓到乙方頭部；口令 3，甲方鎖肩和壓頭。學生依據教師口令進行各個環節的動作練習。

②**慢速完整練習**：在學習了動作的各個環節後，教師用口令「預備」「1」「2」「3」提示學生進行動作練習，在這個過程中重點讓學生體會各個環節的移動路線和用力方向，強調不能使用爆發力。

③**交換練習**：學生學會動作後，交換角色進行練習，體會不同角色在動作練習過程中的不同感受。

(4) 效果檢驗和糾錯，學生掌握動作方法以後，要對學習的效果進行檢驗，主要由被擒拿學生的感受回饋來檢驗。在別臂壓頭手法的效果檢驗中，如果鎖肩和壓頭兩者缺少一個，對手就很容易解脫，此時教師要仔細分析出現這種錯誤的原因，重點分析兩者之間的整體性，然後講解示範正確的動作方法，再讓學生體會動作，使其正確理解別臂壓頭手法中鎖肩和壓頭的重要性，從而使學生更好地掌握技術動作。

（四）踹腿鎖喉

1. 動作方法及要點

當我處於對手後面時，我用低踹腿踹擊對手膝關節，對手遭突然擊打後身體重心下降，甚至跪倒在地；我乘勢向前身體貼近對手，左手肘部至對手左肩上，肘關節彎曲，手掌用力按壓對手枕骨部位，同時右臂從對手頸部繞過前臂橈骨側用力卡住對手咽喉部，右手掌抓緊我左肘關節。左右手形成「十字鎖」鎖住對手頸部，使其無法解脫而被擒。（圖 7-2-11～圖 7-2-13）

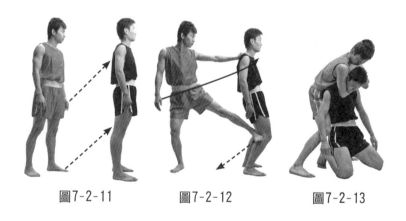

圖7-2-11　　　　　圖7-2-12　　　　　圖7-2-13

【要點】踹擊對手膝關節要狠，擊打的部位要選擇膝窩和外側股神經淺支；左右手形成「十字鎖」時，要用右前臂橈骨側卡壓對手咽喉，使其呼吸不暢；在兩手完成「十字鎖」以後，身體重心要稍微上提，牢牢鎖住對手。

2. 教學步驟與方法

（1）示範，由於踹腿鎖喉技術的示範必須由兩人配合

才能完成，因此在教學中，一般採用側向位的示範，這樣能夠讓學生看清楚技術動作的整個過程。示範方法一般採用完整攻防示範、慢速分解示範和慢速完整示範。

①**完整攻防示範**：教師請一位同學出列，配合教師做完整的攻防示範，教師用低踹腿踹擊對手，然後鎖住對手喉嚨將其擒住。

②**慢速分解示範**：教師把踹腿鎖喉手法分解為兩步。第一步學生站在教師前面，教師用低踹腿踹擊學生的膝窩部位，重點讓學生看清楚擊打的路線和擊打的部位。第二步教師乘勢用右手臂卡住對手咽喉部位，左手按壓對手的頭部枕骨，重點讓學生觀察兩手的動作路線和擒拿的身體部位。

③**慢速完整示範**：學生配合教師做完整的慢速踹腿鎖喉手法示範，重點讓學生看清楚動作的整個過程和明白動作的發力要點。

（2）邊講解邊示範，講解的重點是每一步動作環節的路線、發力要點和手法技術的運用。

在講解示範中，第一步學生站在教師前面，教師運用低踹腿踹擊對手的膝窩位置，使其身體重心下降甚至倒地，重點講解低踹腿的踹擊部位和兩人之間的距離。

第二步當對手重心下降時乘勢向前，右臂從對手頸部繞過，用前臂橈骨側卡住其咽喉部，同時左手肘部至對手左肩上，肘關節彎曲手掌用力按壓對手枕骨部位，右手掌抓住左肘關節部位，左右手形成「十字鎖」鎖住對手頸部。重點講解「十字鎖」的手型、動作路線和發力要點。

（3）練習，教師指揮學生兩人一組，自由配對，分甲乙雙方進行練習。重點提示學生在練習時看清楚「十字鎖」的手型和擒拿對手的身體部位，特別強調在踹腿和十字鎖喉時不能用爆發力，以免傷到同伴。

①**分解練習**：教師提示口令1，甲方踹腿進攻；口令2，甲方用十字鎖喉手法鎖住乙方喉嚨。學生依據教師口令進行各個環節的動作練習。

②**慢速完整練習**：在學生學會動作的各個環節後，教師用口令「預備」「1」「2」提示學生進行動作練習，在這個過程中重點讓學生感受十字鎖喉的力度和明白鎖喉的手法，強調不能使用爆發力。

③**交換練習**：學生學會動作後，交換角色進行練習，體會不同角色在動作練習過程中的不同感受。

（4）效果檢驗和糾錯，學生掌握動作方法以後，要對學習的效果進行檢驗，主要由被擒拿學生的感受回饋來檢驗。在踹腿鎖喉手法的效果檢驗中，如果「十字鎖」出現錯誤以致沒鎖住對手的喉嚨，那麼對手很容易掙脫，此時教師要仔細分析出現這種錯誤的原因，講解十字鎖喉動作要點的關鍵所在，然後講解示範正確的動作方法，再讓學生感受十字鎖喉的手法，使其正確理解踹腿鎖喉手法中十字鎖喉的重要性，從而使學生更好地掌握技術動作。

（五）前拱鎖膝踝

1. 動作方法及要點

當我在對手身後時，我迅速上步下潛，雙手抱住對手

踝關節前部，肩頂住對手膝關節後方，雙手後拉、肩往前頂，同時用力，把對手拱倒；然後迅速上步，兩手用鳳眼拳同時擊打對手兩膝關節後窩，對手膝關節受擊打後後屈，我順勢將其小腿交叉折疊呈「十字」形，身體趴在「十字」形小腿上，對手踝關節處於過伸，必將產生劇烈疼痛。（圖 7-2-14～圖 7-2-16）

【要點】前拱時用力，上步隱蔽，注意手和肩所卡的位置；將對手的兩小腿折疊前，必須擊打對手膝關節後窩，由於膝關節力量較大，如對手倒地的位置不利於用手擊打，則可直接上步踢襠，然後再進行「十字」壓鎖。在按壓對手踝關節時，一定要注意讓對手踝關節處於過伸狀態，不能讓對手踝關節內收，否則對手疼痛不強烈，極易逃脫。

圖7-2-14

圖7-2-15

圖7-2-16

2. 教學步驟與方法

（1）示範，由於擒拿技術的示範必須由兩人配合才能完成，因此在教學中，一般採用側向位的示範，這樣能夠讓學生看清楚技術動作的整個過程。示範方法一般採用完整攻防示範、慢速分解示範和慢速完整示範。

①**完整攻防示範**：教師請一位同學出列，配合教師做完整的攻防示範。教師在學生身後，上步下潛前拱，拱倒學生，雙手用鳳眼拳擊打學生膝關節窩，順勢將其小腿交叉折疊呈「十字」形，右手順勢抓拉其下陰部。

②**慢速分解示範**：教師把前拱鎖膝踝分解為三步，第一步教師從背後拱倒學生，重點讓學生看清楚上步下潛位置和雙手及肩部抱、頂位置；第二步教師兩手用鳳眼拳擊打學生兩膝窩，重點讓學生看清楚擊打的部位和身體的動作；第三步教師將學生小腿交叉折疊呈「十字」形，身體壓在學生「十字」形腳踝上，重點讓學生看清楚雙腿折疊的形狀和教師身體重心的變化。

③**慢速完整示範**：學生配合教師做完整慢速的前拱鎖膝踝示範，重點讓學生看清楚動作的整個過程和路線。

（2）邊講解邊示範，講解的重點是每一步動作環節的路線、用力方向和步法移動的方位。

第一步教師上步下潛，雙手抱住學生踝關節前方，肩部頂住學生膝關節後方，雙手後拉、肩往前頂，同時用力，把學生拱倒，重點講解雙手及肩部抱、頂的位置和用力路線及方向；

第二步教師迅速上步，兩手用鳳眼拳同時擊打對手兩

膝窩，重點講解上步位置和擊打部位；

　　第三步教師順勢將對手小腿交叉折疊呈「十字」形，身體壓在「十字」形小腿上，右手順勢從後面抓拉對手下陰部，重點講解用力的路線和用力的方向及身體壓的位置。

　　（3）練習，教師指揮學生兩人一組，自由配對，分甲乙雙方進行練習。重點提示學生在練習時體會動作路線、擒拿的部位和用力方向，特別強調不能使用爆發力。

　　①分解練習：教師提示口令1，上步下潛前拱；口令2，擊打兩膝後窩；口令3，折疊小腿，抓拉陰部。學生依據教師口令進行各個環節的動作練習。

　　②慢速完整練習：在學生學會動作的各個環節後，教師用口令「預備」「1」「2」「3」提示學生進行動作練習，在這個過程中重點讓學生體會各環節的移動路線和用力方向，強調不能使用爆發力。

　　③交換練習：學生學會動作後，交換角色進行練習，體會不同角色在動作練習過程中的不同感受。

　　（4）效果檢驗和糾錯：學生掌握動作方法以後，要對學習的效果進行檢驗，主要由被擒拿學生的感受回饋來檢驗。在前拱鎖膝踝的效果檢驗中，如果折疊學生小腿時，腳踝內收，被擒拿學生很容易掙脫，此時教師要仔細分析出現這種錯誤的原因——未使對手小腿腳踝外翻，然後講解示範正確的動作方法，再讓學生體會動作，使其正確理解擒拿手法中拿的部位的重要性，從而使學生更好地掌握技術動作。

（六）前拱鎖喉

1.動作方法及要點

當我在對手身後時，我迅速上步下潛，雙手抱住對手踝關節前部，肩頂住對手膝關節後方，雙手後拉、肩往前頂，同時用力，把對手拱倒；然後迅速上步，坐砸對手腰部，同時快速將對手雙手拉到其身後，放在我大腿根部，利用腰部和大腿夾壓之力將對手手臂擒住，隨即右手猛拍對手頭部，對手由於受擊打，頭部必然後仰，我右手順勢從對手頷下穿過用前臂卡緊其喉部，左手配合右手一起用力上扳，使其頸部被鎖，呼吸障礙而被擒。（圖7-2-17～圖7-2-20）

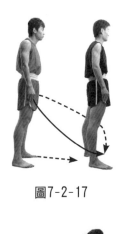

圖7-2-17

圖7-2-18

圖7-2-19

圖7-2-20

【要點】前拱時用力，上步隱蔽，注意手和肩所卡的位置；騎壓對手腰部要迅速、準狠；固鎖對手雙臂時，要利用腰部和大腿的夾壓之力，不能讓對手的雙臂逃脫；鎖喉、夾肘時卡的部位要準，用力要狠；鎖住對手兩手後，我兩手可從對手頭兩側合抱其下頜往後扳，增強擒拿效果。

2. 教學步驟與方法

(1) 示範，由於擒拿技術的示範必須由兩人配合才能完成，因此在教學中，一般採用側向位的示範，這樣能夠讓學生看清楚技術動作的整個過程。示範方法一般採用完整攻防示範、慢速分解示範和慢速完整示範。

①**完整攻防示範**：教師請一位同學出列，配合教師做完整的攻防示範。教師在學生身後，上步下潛前拱，拱倒學生，上步坐砸學生腰部，將其雙手後拉放在大腿根部，用腰部和大腿將手臂夾緊，右手猛拍學生頭部，順勢用前臂卡緊對手喉部，完成擒拿。

②**慢速分解示範**：教師把前拱鎖喉分解為三步，第一步教師從背後拱倒學生，重點讓學生看清楚上步下潛位置和雙手及肩部抱、頂位置；第二步教師上步坐砸學生腰部，將其兩手後拉放在大腿根部，利用腰部和大腿將其手臂夾緊，重點讓學生看清楚坐砸部位和腰部、大腿夾壓的位置；第三步教師拍擊學生頭部，右手順勢卡緊學生喉部，重點讓學生看清楚前臂卡的位置。

③**慢速完整示範**：學生配合教師做完整慢速的前拱鎖喉示範，重點讓學生看清楚動作的整個過程和路線。

（2）邊講解邊示範，講解的重點是每一步動作環節的路線、用力方向和步法移動的方位。

第一步教師上步下潛，雙手抱住學生踝關節前部，肩部頂住學生膝關節後方，雙手後拉、肩往前頂，同時用力，把學生拱倒，重點講解雙手及肩部抱、頂的位置和用力路線及方向；

第二步教師迅速上步，坐砸學生腰部，同時快速將學生雙手拉到其身後放在教師大腿根部，利用腰部和大腿夾壓之力將學生雙手擒住，重點講解上步和坐砸的位置、腰部和大腿夾的位置及用力方向；

第三步教師用右手猛拍對手頭部，學生頭部由於受擊打，必然後仰，教師右手順勢從其頜下穿過用前臂卡緊學生喉部，完成擒拿，重點講解前臂卡的位置、用力方向和身體的配合。

（3）練習，教師指揮學生兩人一組，自由配對，分甲乙雙方進行練習。重點提示學生在練習時體會動作路線、擒拿的部位和用力方向，特別強調不能使用爆發力。

①**分解練習**：教師提示口令1，上步下潛前拱；口令2，坐砸腰部，夾壓雙手；口令3，拍擊頭部，前臂卡喉。學生依據教師口令進行各個環節的動作練習。

②**慢速完整練習**：在學生學會動作的各個環節後，教師用口令「預備」「1」「2」「3」提示學生進行動作練習，在這個過程中重點讓學生體會各環節的移動路線和用力方向，強調不能使用爆發力。

③**交換練習**：學生學會動作後，交換角色進行練習，

體會不同角色在動作練習過程中的不同感受。

（4）效果檢驗和糾錯：學生掌握動作方法以後，要對學習的效果進行檢驗，主要由被擒拿學生的感受回饋來檢驗。在前拱鎖喉的效果檢驗中，如果腰部和大腿夾壓部位不正確，被擒拿學生很容易掙脫，此時教師要仔細分析出現這種錯誤的原因——膝蓋未上提夾緊，然後講解示範正確的動作方法，再讓學生體會動作，使其正確理解擒拿手法中拿的部位的重要性，從而使學生更好地掌握技術動作。

（七）拉手別臂

1.動作方法及要點

當由前接近對手右側時，我用右手抓住對手右腕同時上步，左手從對手手臂與身體之間穿過，別住對手手臂；隨即右手向我身體右後方拉按對手肩部，出右腿用勾踢腿將對手絆倒，然後順勢重心下降，在對手體側成跪撐，右手抓住對手手腕，用力往回猛拉，使其腕關節極度過屈，然後左上臂上抬，迫使對手肩關節超過最大活動範圍。肩關節、腕關節強屈疼痛難忍，失去抵抗能力，被我擒住。（圖 7-2-21～圖 7-2-23、圖 7-2-23 附圖）

【要點】右手拉腕，左手別臂要迅速有力，同時完成，不能給對手解脫機會。腿的勾絆要與上體的動作協調配合；將對手絆倒時，我重心迅速下降，牢牢抓別對手右手臂，以防在摔跌過程中對手解脫；對手倒地後，我在對手體側成跪撐，左上臂上抬，右手往回猛拉對手手腕。

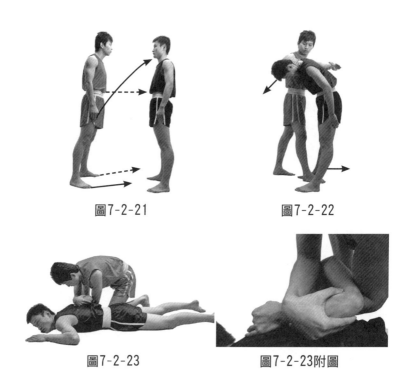

圖7-2-21　　　　　　　　　　圖7-2-22

圖7-2-23　　　　　　　圖7-2-23附圖

2. 教學步驟與方法

（1）示範，由於拉手別臂技術的示範必須由兩人配合才能完成，因此在教學中，一般採用側向位的示範，這樣能夠讓學生看清楚技術動作的整個過程。示範方法一般採用完整攻防示範、慢速分解示範和慢速完整示範。

①**完整攻防示範**：教師請一名同學出列，配合教師做完整的攻防示範。教師上步用右手抓住對手右腕，使用拉手別臂的手法將其擒住。

②**慢速分解示範**：教師把拉手別臂手法分解為三步。

第一步教師右手抓住對手右腕，左手別住其手臂，重點讓學生看清楚動作路線和用力要點。第二步左手按住對手肩部，勾踢對手腿部將其絆倒，重點要學生看清楚動作方法和路線。第三步將對手手腕往回扳，左上臂上抬，重點讓學生看清楚動作的發力要點和動作路線。

③**慢速完整示範**：學生配合教師做完整慢速的拉手別臂手法的示範，重點讓學生看清楚動作路線、動作方法和發力要點。

(2) 邊講解邊示範，講解的重點是每一步動作環節的動作路線、動作方法和發力要點。

在拉手別臂的講解示範中，第一步教師右手抓住對手右腕，同時上步左手從對手手臂與身體之間穿過，別住其手臂，重點講解動作的路線和動作之間的銜接。

第二步左手按住對手肩部，同時勾踢對手腿部將其絆倒，重點講解動作的發力要點和動作路線。

第三步對手倒地後迅速將其手腕往回扳同時左上臂上抬，重點講解動作發力的方向及要點。

(3) 練習，教師指揮學生兩人一組，自由配對，分甲乙雙方進行練習。重點提示學生在練習時注意動作之間的銜接和動作的發力要點，以及動作的路線，特別強調在練習扳腕、抬臂時不能使用爆發力。

①**分解練習**：教師提示口令 1，甲方別乙方手臂；口令 2，甲方按肩同時勾踢乙方腿部；口令 3，甲方扳腕並抬上臂。學生依據教師口令進行各個環節的動作練習。

②**慢速完整練習**：在學生學會動作的各個環節後，教

師用口令「預備」「1」「2」「3」提示學生進行動作練習，在這個過程中重點讓學生體會動作之間的銜接和動作的發力要點，強調不能使用爆發力。

③**交換練習**：學生學會動作後，交換角色進行練習，體會不同角色在動作練習過程中的不同感受。

（4）**效果檢驗和糾錯**：學生掌握動作方法以後，要對學習的效果進行檢驗，主要由被擒拿學生的感受回饋來檢驗。在拉手別臂手法的效果檢驗中，如果勾踢、按肩和別臂三者之間銜接不連貫，被擒拿學生很容易掙脫，此時教師要仔細分析出現這種錯誤的原因——銜接不連貫，然後講解示範正確的動作方法，再讓學生體會動作，使其正確理解擒拿手法中動作連貫的重要性，從而使學生更好地掌握技術動作。

（八）別肩壓頭

1. 動作方法及要點

當我在對手後面時，我快速上步，隨即兩手同時從對手腋下穿過，自下而上繞到對手頭部後面，兩手掌相疊，用力向對手前下方按壓其後腦，同時提肩、直腰抬上臂，牢牢鎖住對手肩關節，使其呼吸不暢被擒。（圖7-2-24～圖7-2-26、圖7-2-26附圖）

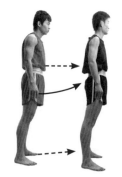

圖7-2-24

圖7-2-25　　　　圖7-2-26　　　　圖7-2-26附圖

【要點】上步要隱蔽、迅速、突然，不能讓對手察覺；穿臂、繞臂要貼緊對手身體，否則反被對手反擒，提肩、按壓用力，須瞬間完成，按壓時我兩臂內扣貼緊對手肋部，使其無法從我兩臂間降重心逃脫。

2.教學步驟與方法

（1）示範，由於別肩壓頭的示範必須由兩人配合才能完成，因此在教學中，一般採用側向位的示範，這樣能夠讓學生看清楚技術動作的整個過程。示範方法一般採用完整攻防示範、慢速分解示範和慢速完整示範。

①完整攻防示範：教師請一位同學出列，配合教師做完整的攻防示範，學生站在教師前面，教師上步插手臂運用別肩壓頭手法將對手擒住。

②慢速分解示範：教師把別肩壓頭手法分解為兩步，第一步學生站在教師前面，教師上步使兩手臂從學生的兩腋窩穿過去，重點讓學生看清楚動作的方法和路線。第二步教師兩手掌用力按壓對手後腦，同時提肩、身體前傾，

重點讓學生看清楚動作的發力要點和動作路線。

③**慢速完整示範**：學生配合教師做完整的慢速別肩壓頭手法示範，重點讓學生看清楚動作路線和發力要點，讓學生重視動作之間的連貫性。

（2）邊講解邊示範，講解的重點是每一步動作環節的路線、用力方向和動作之間的連貫性。

就別肩壓頭而言，第一步學生站在教師前面，教師迅速上步使兩手臂從對手的腋窩插過，同時貼緊對手的身體，重點講解插手別肩的動作路線和方法。

第二步教師雙手相疊，用力向前下方按壓對手後腦，同時提肩、身體向前傾，在練習按壓後腦和提肩時要提醒學生注意兩者之間的銜接和連貫，重點講解動作的用力方向和動作路線。

（3）練習，教師指揮學生兩人一組，自由配對，分甲乙雙方進行練習。重點提示學生在練習時體會動作的發力要點和動作路線，特別強調不能使用爆發力。

①**分解練習**：教師提示口令1，甲方插臂；口令2，甲方別肩壓頭。學生依據教師口令進行各個環節的動作練習。

②**慢速完整練習**：在學生學會動作的各個環節後，教師用口令「預備」「1」「2」提示學生進行動作練習，在這個過程中重點讓學會感受動作的用力方向和動作路線，強調不能使用爆發力。

③**交換練習**：學生學會動作後，交換角色進行練習，體會不同角色在動作練習過程中的不同感受。

（4）效果檢驗和糾錯，學生掌握動作方法以後，要對學習的效果進行檢驗，主要由被擒拿學生的感受回饋來檢驗。在別肩壓頭手法的效果檢驗中，如果別肩沒有做好，沒從對方腋窩插進，那麼對手很容易解脫，甚至可以反擒拿，因此教師要仔細分析出現這種錯誤的原因，然後講解示範正確的動作方法，再讓學生體會動作，使其正確理解別肩的重要性，從而使學生更好地掌握技術動作。

二、被動擒拿技術

在搏鬥中，由於對手抓拿或使用動作攻擊我身體某一部位時，為了擺脫對手攻擊或糾纏，使用化解對手的方法並將對手擒拿的方法統稱為被動反擊擒拿。被動反擊擒拿是在我被動的情況下對對手實施的擒拿，因此，描述被動擒拿是離不開我方被動時的情景描述。

下面就將生活中常見的幾種情景和在此情境中的反擊擒拿加以說明。

手腕被抓

（一）扣手切腕

1. 動作方法及要點

對手虎口朝上抓拿我手腕時，迅速上步用左手扣緊對手手背，將對手手掌牢牢扣在我右腕上，隨後我右手四指緊貼對手手腕外旋，抓住對手手腕，右掌猛力向下旋切，同時左腳往對手右側上步，身體稍向右轉前傾，使對手手腕掛接產生劇烈疼痛，合力將其手腕擒住。（圖7-2-

27～圖 7-2-30）

【要點】扣手部位要準，牢牢把對手手掌固定在我右腕上；纏腕、切腕要狠，不給對手解脫機會；上步前壓要快，配合身體的右轉前壓，增強擒拿效果；整個過程用力協調，瞬間完成，不可脫節，否則易遭對手解脫反制。

圖7-2-27

圖7-2-28

圖7-2-29

圖7-2-30

2. 教學步驟與方法

(1) 示範，由於扣手切腕技術的示範必須由兩人配合才能完成，因此在教學中，一般採用側向位的示範，這樣能夠讓學生看清楚技術動作的整個過程。示範方法一般採用完整攻防示範、慢速分解示範和慢速完整示範。

①**完整攻防示範**：教師請一位同學出列，配合教師做完整的攻防示範。學生用右手抓住教師的右手腕，教師用左手扣抓對手手腕，身體前傾旋切手腕將其擒住。

②**慢速分解示範**：教師把扣手切腕手法分解為三步，第一步學生用右手抓住教師右手腕，重點讓學生看清楚動作路線。第二步教師左手扣抓對手右手腕，重點讓學生看清楚扣抓的手法。第三步教師身體右轉前傾，同時右掌向下旋切，重點讓學生看清楚動作的用力方向和路線。

③**慢速完整示範**：學生配合教師做完整的慢速扣手切腕示範，重點讓學生看清楚動作的路線和旋切的動作方法。

(2) 邊講解邊示範，講解的重點是每一步動作環節的路線、用力方法和手法的抓扣要點。

就扣手切腕而言，第一步學生用右手抓住教師右手腕，重點講解動作方法，學生虎口朝上抓拿。

第二步教師左手扣抓對手右手腕，並將其緊扣，重點講解扣抓的手法。

第三步教師左腳往對手右側上步，身體稍向右轉前傾，同時右掌向下旋切，重點講解動作的用力要點和路線。

（3）練習，教師指揮學生兩人一組，自由配對，分甲乙雙方進行練習。重點提示學生在練習時體會動作要點、用力方向和動作路線，特別強調不能使用爆發力。

①**分解練習**：教師提示口令1，乙方抓甲方的手腕；口令2，甲方抓扣乙方的手腕；口令3，甲方旋切乙方手腕。學生依據教師口令進行各個環節的動作練習。

②**慢速完整練習**：在學生學會動作的各個環節後，教師用口令「預備」「1」「2」「3」提示學生進行動作練習，在練習過程中重點讓學生體會動作的用力要點、旋切的手法和動作的路線，強調不能使用爆發力。

③**交換練習**：學生學會動作後，交換角色進行練習，體會不同角色在動作練習過程中的不同感受。

（4）效果檢驗和糾錯：學生掌握動作方法以後，要對學習的效果進行檢驗，主要由被擒拿學生的感受回饋來檢驗。在扣手切腕手法的效果檢驗中，如果沒有將對手手腕緊扣，那麼被擒拿的學生很容易解脫，甚至可以反擒拿，此時教師要仔細分析出現這種錯誤的原因，並講解示範正確的動作方法，再讓學生體會動作，使其正確理解扣手切腕手法中扣手動作的重要性，從而使學生更好地掌握技術動作。

（二）擒腕別臂

1.動作方法及要點

當對手正面右手抓拿我左手腕時，我左臂迅速屈肘手腕上挑，配合身體前傾將對手腕關節牢牢頂壓在我左肩

鎖骨下方，同時右手從對手臂下穿過，右肘貼緊對手右肘，配合身體前傾，降低重心，右手猛力按壓對手右肩，使其腕關節疼痛而被擒。（圖7-2-31～圖7-2-33）

圖7-2-31

圖7-2-32

圖7-2-33

【要點】我左臂屈肘挑腕與身體前傾配合要協調，先牢牢控制住對手腕關節；上步別臂力量要猛，不給對手反應時間；按壓對手肩關節時一定要配合身體前傾之勢，增強擒拿效果。

2. 教學步驟與方法

（1）示範，由於擒拿技術的示範必須由兩人配合才能完成，因此在教學中，一般採用側向位的示範，這樣能夠讓學生看清楚技術動作的整個過程。示範方法一般採用完整攻防示範、慢速分解示範和慢速完整示範。

①**完整攻防示範**：教師請一位同學出列，配合教師做完整的攻防示範。學生正面右手抓拿教師左手腕，教師屈肘手腕上挑配合身體前傾將學生腕關節牢牢頂壓在自己肩鎖骨下方，同時右手從學生臂下穿過，猛力按壓學生右肩，使其腕關節疼痛而被擒。

②**慢速分解示範**：教師把擒腕別臂分解為三步，第一步學生正面右手抓拿教師左手腕，重點讓學生看清楚抓拿路線和部位。第二步教師屈肘手腕上挑，身體前傾固定學生腕關節，重點讓學生看清楚手腕上挑路線和腕關節固定的位置。第三步教師右手從學生臂下穿過，身體前傾，右手按壓學生右肩，重點讓學生看清楚右手經過的路線和右手按壓位置。

③**慢速完整示範**：學生配合教師做完整慢速的擒腕別臂示範，重點讓學生看清楚動作的整個過程和路線。

(2) 邊講解邊示範，講解的重點是每一步動作環節的路線、用力方向和步法移動的方位。

就擒腕別臂而言，第一步學生正面右手抓拿教師左手腕，重點講解擒腕別臂針對的攻擊方法。

第二步教師左臂迅速屈肘手腕上挑，配合身體前傾將學生腕關節牢牢頂壓在自己左肩鎖骨下方，重點講解頂壓學生腕關節時用力路線和用力方向。

第三步教師右手從對手臂下穿過，右肘貼緊對手右肘，配合身體前傾，降低重心，右手猛力按壓學生右肩，使學生腕關節疼痛而被擒，重點講解用力路線和用力方向及身體的配合。

（3）練習，教師指揮學生兩人一組，自由配對，分甲乙雙方進行練習。重點提示學生在練習時體會動作路線、擒拿的部位和用力方向，特別強調不能使用爆發力。

①**分解練習**：教師提示口令1，甲方抓拿手腕；口令2，乙方屈肘上挑，固定腕關節；口令3，乙方猛力下按右肩。學生依據教師口令進行各個環節的動作練習。

②**慢速完整練習**：在學生學會動作的各個環節後，教師用口令「預備」「1」「2」「3」提示學生進行動作練習，在這個過程中重點讓學生體會各環節的移動路線和用力方向，強調不能使用爆發力。

③**交換練習**：學生學會動作後，交換角色進行練習，體會不同角色在動作練習過程中的不同感受。

（4）效果檢驗和糾錯，學生掌握動作方法以後，要對學習的效果進行檢驗，主要由被擒拿學生的感受回饋來檢驗。在擒腕別臂的效果檢驗中，如果沒有將學生腕關節牢牢固定，被擒拿學生很容易掙脫、反抗，此時教師要仔細分析出現這種錯誤的原因——未配合身體前傾、未固定腕關節，然後講解示範正確的動作方法，再讓學生體會動作，使其正確理解擒拿手法中拿的部位的重要性，從而使學生更好地掌握技術動作。

（三）扣手壓肘

1. 動作方法及要點

對手用左手抓住我右手腕使勁往前拉，這時我先用左手抓扣對手左手，將其手腕控制，以防掙脫，然後右手

迅速屈肘，用肘關節壓制住對手肘關節，同時左手抓扣對手左手貼緊自己身體，掌根往上用力折壓對手手腕，肘關節往下用力壓制其肘關節。（圖 7-2-34～圖 7-2-36、圖 7-2-36 附圖）

【要點】首先務必將對手的左手抓扣緊，並貼緊自己身體，用力往上折壓，然後右臂屈肘壓住對手肘關節，方向稍微傾斜，以防對手用力時滑脫。

圖7-2-34

圖7-2-35

圖7-2-36

圖7-2-36附圖

2. 教學步驟與方法

（1）示範，由於擒拿技術的示範必須由兩人配合才能完成，因此在教學中，一般採用完整攻防示範、慢速分解示範和慢速完整示範。

①**完整攻防示範**：學生用左手抓住教師的右手臂腕用力往前拉，教師先用左手抓扣學生左手並貼緊自己身體，然後右臂屈肘壓住學生肘關節。

②**慢速分解示範**：將扣手壓肘分解為三步，第一步學生用左手抓住教師右手腕，重點讓學生看清楚抓住教師手的部位。第二步教師先用左手抓扣學生的左手貼緊自己的身體，重點讓學生看清楚力點和用力的方向。第三步教師右臂屈肘壓住學生右手肘關節，重點讓學生看清楚力點和用力的方向。

（2）邊講解邊示範，講解的重點是每一個動作環節的路線、力點和用力方向。

就扣手壓肘而言，第一步學生用左手抓住教師右手，重點講解扣手壓肘的應用是被動反擊型的擒拿方法。

第二步教師用左手抓扣緊學生左手，重點講解抓扣的部位是手背。

第三部教師用右肘往下壓學生的左肘，重點講解壓的部位是對手的肘關節，強調壓的部位要準確，左手要配合發力，兩隻手用力的方向相反。

（3）練習，教師指揮學生兩人一組，自由配對，分甲乙雙方進行練習。重點提示學生在練習時體會動作路線、壓的部位和用力方向，特別強調不能使用爆發力。

①**分解練習**：教師提示口令1，甲方用左手抓住乙方右手腕；口令2，乙方用左手反抓甲方手背；口令3，乙方用肘壓甲方肘關節。學生依據教師口令進行各個環節的動作練習。

②**慢速完整練習**：在學生學會動作的各個環節後，教師用口令「1」「2」「3」提示學生進行動作練習，在這個過程中重點讓學生體會各環節的移動路線和用力方向，強調不能使用爆發力。

③**交換練習**：學生學會動作後，交換角色進行練習，體會不同角色在動作練習過程中的不同感受。

(4) 效果檢驗和糾錯，學生掌握動作方法以後，要對學習的效果進行檢驗，主要由被擒拿學生的感受回饋來檢驗。在扣手壓肘的效果檢驗中，如果拿的部位出錯，那麼被擒拿學生容易掙脫，此時教師要仔細分析出現這種錯誤的原因——拿的部位不準確。然後講解示範正確的動作方法，再讓學生體會動作，使其正確理解擒拿手法中拿的部位的重要性，從而使學生更好地掌握技術動作。

抓胸

（一）壓肘旋腕

1. 動作方法及要點

當對手右手心向前抓握我胸前衣服或用掌推我時，我右手迅速扣拿對手手掌（拇指扣壓對手虎口合谷穴，其餘四指抓緊對手手掌外沿）將其牢牢扣壓在我胸前，同時用左前臂向下按壓對手肘關節，配合身體微前傾，迫使對手

肘關節彎曲，隨即右手向右用力，身體右轉，使其腕關節劇烈疼痛跪地求饒。（圖 7-2-37～圖 7-2-39、圖 7-2-39附圖）

【要點】扣拿對手右手掌時，動作要快，扣拿部位準確，將對手手掌牢牢扣壓在我胸前；左手按壓對手肘關節力量要猛，使其肘關節強屈；身體前傾右轉，兩手用力要協調、連貫、發力順達。

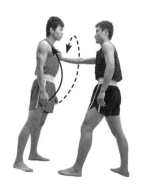

圖7-2-37

圖7-2-38

圖7-2-39

圖7-2-39附圖

2. 教學步驟與方法

(1) 示範，由於壓肘旋腕技術的示範必須由兩人配合才能完成，因此在教學中，一般採用側向位的示範，這樣能夠讓學生看清楚技術動作的整個過程。示範方法一般採用完整攻防示範、慢速分解示範和慢速完整示範。

①完整攻法示範：教師請一位同學出列，配合教師做完整的攻防示範。學生用右手抓住教師胸前衣服或用掌推，教師右手迅速扣拿學生手掌，同時左前臂向下按壓學生肘關節，並身體右轉旋腕將其擒住。

②慢速分解示範：將壓肘旋腕手法分解為三步，第一步學生用右手抓握教師胸前衣服，重點讓學生看清楚抓握的部位。第二步教師迅速用右手扣拿學生手掌，重點讓學生看清楚抓拿的手法。第三步教師用左前臂下壓學生肘關節，身體前傾並右轉旋腕，重點讓學生看清楚動作方法、路線和發力要點。

③慢速完整示範：學生配合教師做完整的慢速壓肘旋腕手法示範，重點讓學生看清楚動作的整個過程和路線。

(2) 邊講解邊示範，講解的重點是每一步動作環節的路線、抓拿的手法和發力要點。

就壓肘旋腕而言，第一步學生用右手抓握教師胸前衣服或用掌推，重點講解動作的抓握部位和什麼情況下使用該手法。

第二步教師迅速用右手扣拿對手手掌，拇指扣壓其虎口合谷穴，其餘四指抓緊其手掌外沿，並把對手手掌扣壓在胸前，重點講解動作要點和抓拿的手法。

第三步教師左前臂迅速下壓對手肘關節，使其肘關節強屈，扣拿的手掌要貼緊胸前，同時身體前傾右轉旋腕，重點講解發力要點、動作之間的協調連貫和旋腕的方法。

(3) 練習，教師指揮學生兩人一組，自由配對，分甲乙雙方進行練習。重點提示學生在練習過程中體會動作的發力要點和動作之間的銜接，特別強調在壓肘和旋腕的時候不能使用爆發力。

①分解練習：教師提示口令1，甲方抓握乙方衣領；口令2，乙方扣拿甲方手掌；口令3，乙方壓肘並身體前傾右轉旋腕。學生依據教師口令進行各個環節的動作練習。

②慢速完整練習：在學生學會動作的各個環節後，教師用口令「預備」「1」「2」「3」提示學生進行動作練習，在慢速完整練習過程中，要讓學生明白動作之間的相互銜接配合和動作的發力要點，並強調學生在練習過程中不能使用爆發力。

③交換練習：學生學會動作後，交換角色進行練習，體會不同角色在動作練習過程中的不同感受。

(4) 效果檢驗和糾錯，學生掌握動作方法以後，要對學習的效果進行檢驗，主要由被擒拿學生的感受回饋來檢驗。在壓肘旋腕手法的效果檢驗中，如果沒有將對手手掌按壓在胸前，那麼後面的身體前傾右轉就不可能讓對手旋腕，對手很容易解脫，此時教師仔細分析出現這種錯誤的原因，並講解示範正確的動作方法，再讓學生體會旋腕的作用，使其正確理解壓肘旋腕手法中扣壓住手掌在胸前的

重要性，從而使學生更好地掌握技術動作。

（二）擒腕翻肘

1. 動作方法及要點

當對手右手反抓我胸前衣服成掌心向上時，我左手自下而上迅速抓拿對手腕關節（拇指扣住對手掌根中部，其他四指從對手掌沿穿過，扣住對手手背）將其手掌牢牢扣壓在我胸前，用力向外扳，隨即右手拖住對手肘關節猛力上翻，同時上步身體前壓，使對手腕關節、肩關節受制而被擒。（圖 7-2-40～圖 7-2-42）

圖7-2-40

【要點】左手抓拿對手手腕要快，動作隱蔽，要將對手手掌牢牢扣壓在我胸前；左手的外扳和右手的托翻要同時發力，配合上步身體重心前壓，不給對手逃脫機會。

圖7-2-41

圖7-2-42

2. 教學步驟與方法

（1）示範，由於擒腕翻肘技術的示範必須由兩人配合才能完成，因此在教學中，一般採用側向位的示範，這樣能夠讓學生看清楚技術動作的整個過程。示範方法一般採用完整攻防示範、慢速分解示範和慢速完整示範。

①**完整攻防示範**：教師請一位同學出列，配合教師做完整的攻防示範。學生用右手反抓教師胸前衣服，教師左手抓拿學生腕關節，同時右手拖住學生肘關節向上翻將其擒住。

②**慢速分解示範**：將擒腕翻肘手法分解為兩步，第一步學生用右手反抓教師胸前衣服，教師左手迅速抓住對手腕關節，重點讓學生看清楚抓拿的手法。第二步教師右手拖住肘關節向上翻，同時左手用力往外扳，重點讓學生看清楚動作的發力要點。

③**慢速完整示範**：學生配合教師做完整的慢速擒腕翻肘手法示範，重點讓學生看清楚動作的發力要點和用力方向。

（2）邊講解邊示範，講解的重點是每一步動作環節的發力方向和動作路線。

就擒腕翻肘而言，第一步學生用右手反抓教師胸前衣服，教師左手迅速抓住學生右手腕關節，將其手掌牢牢扣壓在胸前，重點講解動作的發力要點和動作方法。

第二步教師左手抓住學生手腕用力向外扳，同時右手拖住學生肘關節猛力向上翻，上步身體前壓，重點講解動作的用力要點以及動作路線。

（3）練習，教師指揮學生兩人一組，自由配對，分甲乙雙方進行練習，重點提示學生在練習時體會動作路線和發力的方法要點，特別強調在向上翻肘時不能使用爆發力。

①**分解練習**：教師提示口令1，甲方抓握乙方右手腕；口令2，甲方外扳、翻肘。

②**慢速完整練習**：在學生學會動作的各個環節後，教師用口令「預備」「1」「2」提示學生進行動作練習，在這個過程中重點讓學生體會各個環節的用力要點和動作路線，強調不能使用爆發力。

③**交換練習**：學生學會動作後，交換角色進行練習，體會不同角色在動作練習過程中的不同感受。

（4）效果檢驗和糾錯，學生掌握動作方法以後，要對學習的效果進行檢驗，主要由被擒拿學生的感受回饋來檢驗。在擒腕翻肘的效果檢驗中，如果翻肘和外扳兩者不連貫，不能同時完成，那麼被擒拿學生根本不會被拿住，此時教師要仔細分析出現這種錯誤的原因——腕關節和肩關節沒被同時制住，然後講解示範正確的動作方法，再讓學生體會兩者之間的制約性，使其正確理解擒腕翻肘手法中翻肘和扳手的重要性，從而使學生更好地掌握技術動作。

抓　肩

（一）扣手旋腕

1. 動作方法及要點

當對手右手心向下置於我左肩上時，我右手迅速扣拿對手手掌（拇指扣壓對手虎口合谷穴，其餘四指抓緊對手

手掌外沿）將其牢牢扣壓在
我肩上，同時左手自下而上
繞過對手手臂，用前臂向下
按壓對手肘關節，迫使其肘
關節彎曲，隨即身體前傾右
轉，使對手腕關節劇烈疼痛
跪地求饒。（圖 7-2-43 ～
圖 7-2-45）

圖7-2-43

圖7-2-44

圖7-2-45

【要點】扣拿對手右手掌時，動作要快，扣拿部位準
確，要將對手手掌牢牢扣壓在我肩上；左手按壓對手肘關
節力量要猛，使其肘關節強屈；身體前傾右轉，兩手的用
力要協調、連貫。

2.教學步驟與方法

（1）示範，由於扣手旋腕技術的示範必須由兩人配合
才能完成，因此在教學中，一般採用側向位的示範，這樣

能夠讓學生看清楚技術動作的整個過程。示範方法一般採用完整攻防示範、慢速分解示範和慢速完整示範。

①**完整攻防示範**：教師請一位同學出列，配合教師做完整的攻防示範。學生右手抓握教師肩部，教師右手抓扣其手腕，左手臂按壓對手肘關節，身體前傾右轉將其擒住。

②**慢速分解示範**：將扣手旋腕手法分解為兩步，第一步學生用右手抓握教師肩部，教師用右手抓扣對手手掌，重點讓學生看清楚動作路線和扣抓的手法。第二步教師左臂繞過對手手臂按壓對手肘關節，同時身體前傾右轉迫使對手肘關節強屈，重點讓學生明白動作路線和用力方向。

③**慢速完整示範**：學生配合教師做完整的慢速扣手旋腕手法示範，重點讓學生看清楚動作的發力要點和動作路線。

(2) 邊講解邊示範，講解的重點是每一步動作環節的動作路線、用力方向和用力要點。

就扣手旋腕而言，第一步學生用右手抓握教師右肩，教師右手將學生手掌扣壓在肩上，拇指扣壓學生虎口的合谷穴，其餘四指抓緊學生手掌外沿，重點講解動作的路線和扣壓手法。

第二步教師左臂自下而上繞過學生手臂，用前臂向下按壓學生肘關節，同時身體前傾右轉迫使學生肘關節強屈，重點講解動作之間的制約性和用力方向。

(3) 練習，教師指揮學生兩人一組，自由配對，分甲乙雙方進行練習，重點提示學生在練習時體會動作之間的

制約性、動作路線和動作的發力方向，特別強調在練習壓肘旋腕時不能使用爆發力。

①**分解練習**：教師提示口令1，甲方抓握乙方肩部，乙方扣抓其手掌；口令2，乙方身體右轉並用前臂按壓其肘關節。學生依據教師口令進行各個環節的動作練習。

②**慢速完整練習**：在學生學會動作的各個環節後，教師用口令「預備」「1」「2」提示學生進行動作練習，在這個過程中重點讓學生體會動作之間的制約性和發力方向，強調不能使用爆發力。

③**交換練習**：學生學會動作後，交換角色進行練習，體會不同角色在動作練習過程中的不同感受。

（4）效果檢驗和糾錯，學生掌握動作方法以後，要對學習的效果進行檢驗，主要由被擒拿學生的感受回饋來檢驗。在扣手旋腕的效果檢驗中，如果身體沒有右轉，那麼將不會產生旋腕效果，從而不會將對手肘關節強屈，對手很容易解脫，此時教師要仔細分析出現這種錯誤的原因——旋腕沒有用身體右轉用力帶動。然後講解示範正確的動作方法，再讓學生體會右轉旋腕，使其正確理解扣手旋腕手法中將對手手掌抓扣住和身體右轉的制約性，從而使學生更好地掌握技術動作。

（二）擒腕別肩

1.動作方法及要點

當對手用右手抓握我肩部時，我左手抓住其手腕，右手從對手右臂內側繞至外側，同時讓對手右臂屈肘，右上

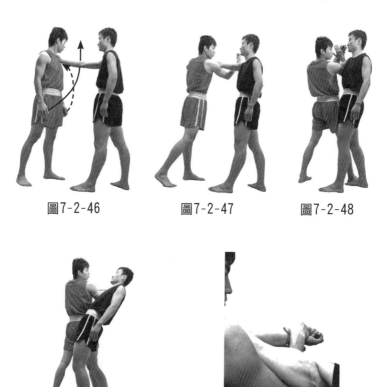

圖7-2-46　　　　　圖7-2-47　　　　　圖7-2-48

圖7-2-49　　　　　圖7-2-49附圖

臂上抬，雙手合抱對手右手腕向下按壓。（圖 7-2-46～
圖 7-2-49、圖 7-2-49 附圖）

　　【要點】在右手從對手右臂由內側繞至外側時動作要
迅速，雙手疊加合抱其腕關節，致使其屈肘，雙手向下猛
力按壓。

　　2. 教學步驟與方法

　　（1）示範，由於擒腕別肩技術的示範必須由兩人配合

才能完成，因此在教學中，一般採用側向位的示範，這樣能夠讓學生看清楚技術動作的整體過程。示範方法一般採用完整攻防示範、慢速分解示範和慢速完整示範。

①**完整攻防示範**：教師請一位同學出列，配合教師做完整的攻防示範，學生用右手抓握教師肩部，教師左手抓握其手腕，右手繞過其右臂，使用別肩手法將其擒住。

②**慢速分解示範**：將擒腕別肩手法分解為三步，第一步學生用右手抓握教師肩部，教師左手抓住學生右手腕，重點讓學生看清楚動作路線和抓握的部位。第二步教師右手從其右臂繞過，重點讓學生看清楚動作路線。第三步雙手合抱對手腕關節，然後猛力向下按壓，重點讓學生看清楚合抱的手法和用力方向。

③**慢速完整示範**：學生配合教師做完整的慢速擒腕別肩手法示範，重點讓學生看清楚發力要點和動作路線。

(2) 邊講解邊示範，講解的重點是每一步動作環節的路線和發力方向。

就擒腕別肩而言，第一步學生用右手抓握教師肩部，教師迅速用左手抓住其手腕，重點講解動作路線和動作的抓握部位。

第二步教師右手從對手右臂內側繞至外側，重點講解動作的路線。

第三步雙手疊加成合抱手法，合抱對手腕關節致使對手屈肘，同時往下按壓，重點講解動作的用力要點和讓對手屈肘的動作原理。

(3) 練習，教師指揮學生兩人一組，自由配對，分甲

乙雙方進行練習。重點提示學生在練習時體會動作的用力要點和動作路線，特別強調在別肩時不能使用爆發力。

①**分解練習**：教師提示口令1，甲方抓握乙方肩部；口令2，乙方扣抓住其手腕，同時右臂繞過甲方右臂；口令3，乙方合抱對手腕關節致使屈肘，同時按壓別臂。

②**慢速完整練習**：在學生學會動作的各個環節後，教師用口令「預備」「1」「2」「3」提示學生進行動作練習，在這個過程中重點讓學生看清楚動作路線、合抱手法和用力方向，特別強調在向下按壓的時候不能使用爆發力。

③**交換練習**：學生學會動作後，交換角色進行練習，體會不同角色在動作學習過程中的不同感受。

（4）效果檢驗和糾錯，學生掌握動作方法以後，要對學習的效果進行檢驗，主要由被擒拿學生的感受回饋來檢驗。在擒腕別肩的效果檢驗中，如果兩手沒有疊加形成合抱手型，那麼對手肘關節還有一定活動範圍，從而沒達到讓對手肩強屈的效果，這樣對手很容易解脫，此時教師要仔細分析出現這種錯誤的原因，然後講解示範正確的動作方法，再讓學生體會合抱手型下壓別肩的作用力，使其正確理解擒腕別肩部位的重要性，從而使學生更好地掌握技術動作。

（三）扣手扛肘

1. 動作方法及要點

當對手右手抓握我肩部，我順勢上左腳，兩手托起對手右前臂，向右轉身180°，把對手手臂扛在左肩上，同時

雙手抓扣對手手腕向下按壓，致使對手肘關節強屈，產生劇痛被我擒住。（圖 7-2-50 ～圖 7-2-53）

【要點】上步、轉身、托手臂、扛肘四個動作要迅速、連貫，以肘關節為著力點雙手扣抓手腕向下按壓。在扛肘時要使對手的手心朝上，使其肘關節強屈，產生劇痛。

圖7-2-50

圖7-2-51

圖7-2-52

圖7-2-53

2. 教學步驟與方法

(1) 示範，由於扣手扛肘技術的示範必須由兩人配合才能完成，因此在教學中，一般採用側向位的示範，這樣能夠讓學生看清楚技術動作的整個過程。示範方法一般採用完整攻防示範、慢速分解示範和慢速完整示範。

①**完整攻防示範**：教師請一位同學出列，配合教師做完整的攻防示範。學生用右手抓握教師右手腕，教師迅速上步、轉身、托手臂、扛肘將學生擒住。

②**慢速分解示範**：將扣手扛肘手法分解為三步，第一步學生用右手抓握教師右手腕，重點讓學生看清楚抓握的部位。第二步教師上步、將對手手臂托起，重點讓學生看清楚動作路線和動作方法。第三步轉身並將對手手臂扛在肩上，扣抓住對手手腕向下按壓，重點讓學生看清楚動作路線、用力方向和著力點的部位。

③**慢速完整示範**：學生配合教師做完整的慢速扣手扛肘手法示範，重點讓學生看清楚動作路線和動作的用力方向。

(2) 邊講解邊示範，講解的重點是每一步動作環節的路線、用力方向和步法移動的方位。

就扣手扛肘而言，第一步學生用右手抓握教師右手腕，重點講解動作抓握的部位是手腕而不是手掌。

第二步教師上左步，同時雙手扣抓住對手手臂並將手臂托起，重點讓學生看清楚上步的動作路線、扣抓手臂和托起手臂的動作方法。

第三步向右轉身 180° 以肘關節為著力點將手臂扛在

肩上，並扣抓住對手手腕，使其手心朝上向下按壓，重點
講解動作方法、動作要點和動作的用力方向。

（3）練習，教師指揮學生兩人一組，自由配對，分甲
乙雙方進行練習，重點提示學生在練習時體會動作路線和
用力要點，讓學生明白動作之間銜接連貫的重要性，特別
強調在扛肘時不能使用爆發力。

①**分解練習**：教師提示口令1，甲方抓握乙方手腕；
口令2，乙方上步托手臂；口令3，乙方轉身扛肘。學生
依據教師口令進行各個環節的動作練習。

②**慢速完整練習**：在學生學會動作的各個環節後，教
師用口令「預備」「1」「2」「3」提示學生進行動作練習，
在這個過程中，重點讓學生體會各環節的動作路線和發力
要點。

③**交換練習**：學生學會動作後，交換角色進行練習，
體會不同角色在動作練習過程中的不同感受。

（4）效果檢驗和糾錯，學生掌握動作方法以後，要對
學習的效果進行檢驗，主要由被擒拿學生的感受回饋來檢
驗。在扣手扛肘手法的效果檢驗中，如果所扛手臂手心沒
朝上，那麼將不會使其肘關節強屈，更不會將對手擒住，
反而對手很容易使用反擒拿。

此時教師要仔細分析出現這種錯誤的原因——扛肘時
沒有以肘關節外側為著力點。講解示範正確的動作方法，
再讓學生體會手心朝上扛肘和手心朝下扛肘兩者之間的不
同力度，使其正確理解扣手扛肘手法中扣肘部位著力點的
重要性，從而使學生更好地掌握技術動作。

纏　抱

（一）抱腰鎖喉

1. 動作方法及要點

當對手突然進步下潛以兩手抱我腰部或前腿時，我上體前俯重心前移，右手繞過對手頭部扣抓對手下頜右側向後側扳拉，同時左手按住其後腦部位向前推送，兩手同時用力，使對手頸部受挫。（圖 7-2-54～圖 7-2-56、圖 7-2-56 附圖）

圖7-2-54

圖7-2-55

圖7-2-56

圖7-2-56附圖

【要點】兩手推拉對手頭部時，用力方向相反，要協調用力；發力時，上體要貼緊對手頭部，重心降低。此方法如用力過猛，可直接挫斷頸椎，置對手死亡，須審時度勢地慎用。運用時一般用力可以此解脫對手糾纏，然後用其他方法控制對手。

2. 教學步驟與方法

(1) 示範，由於抱腰鎖喉技術的示範必須由兩人配合才能完成，因此在教學中，一般採用側向位的示範，這樣能夠讓學生看清楚技術動作的整個過程。示範方法一般採用完整攻防示範、慢速分解示範和慢速完整示範。

①完整攻防示範，教師請一位同學出列，配合教師做完整的攻防示範。學生下潛抱住教師腰部或前腿，教師右手臂扣住學生下頜，同時左手按壓其後腦，將其擒住。

②慢速分解示範：將抱腰鎖喉手法分解為三步，第一步學生下潛抱住教師的腰部或前腿，重點讓學生看清楚下潛的動作方法和動作路線。第二步教師右手臂扣住學生下頜，重點讓學生看清楚手臂扣的方法和扣的部位。第三步左手向下按壓學生後腦，重點讓學生看清楚動作的用力方向和按壓部位。

③慢速完整示範：學生配合教師做完整的慢速抱腰鎖喉手法示範，重點讓學生看清楚動作的用力要點和動作路線。

(2) 邊講解邊示範，講解的重點是每一步動作環節的路線和用力要點。

就抱腰鎖喉而言，第一步學生下潛摟抱教師腰部或前

腿，重點講解下潛的動作方法和動作路線，以及摟抱的身體位置。

第二步教師右手臂繞過對手頭部，扣住其下頜並向上扳拉，重點講解手臂扣的方法、用力方向和扣的部位。

第三步左手向下按壓對手後腦，形成搓力，重點講解按壓後腦的動作原因和動作的用力方向。

(3) 練習，教師指揮學生兩人一組，自由配對，分甲乙雙方進行練習，重點提示學生在練習時體會動作路線、用力方向和扣的部位，特別強調在扣下頜和按壓後腦時不能使用爆發力。

①**分解練習**：教師提示口令1，甲方下潛摟抱乙方；口令2，乙方扣其下頜；口令3，乙方按壓甲方後腦。

②**慢速完整練習**：在學生學會動作的各個環節後，教師用口令「預備」「1」「2」「3」提示學生進行動作練習，在這個過程中重點讓學生明白用手臂扣拿的手法和動作的用力方向。

③**交換練習**：學生學會動作後，交換角色進行練習，體會不同角色在動作練習過程中的不同感受。

(4) 效果檢驗和糾錯，學生掌握動作方法以後，要對學習的效果進行檢驗，主要由被擒學生的感受回饋來檢驗。在抱腰鎖喉手法的效果檢驗中，如果扣拿對手下頜不是手臂而是用手腕，那麼對手很容易用繞頭的方式解脫，此時教師要仔細分析為什麼在扣拿過程中不能用手腕的原因——用手腕扣拿下頜沒有一定力度，然後講解示範正確的動作方法，再讓學生體會扣拿下頜和按壓後腦的動作技

術方法，使其正確理解抱腰鎖喉手法中扣與按的重要性，
從而使學生更好地掌握技術動作。

（二）抱腰擰脖

1. 動作方法及要點

當對手突然正面下潛以兩手抱我腰部時，我身體稍
前傾，一隻手迅速用力按住對手頭頂部，另一隻手用力向
上推住對手的下巴，兩手卡緊其頭部，同時向相反方向推
扳，形成挫力，使對手脖、頸部受挫。（圖 7-2-57～圖
7-2-59、圖 7-2-59 附圖）

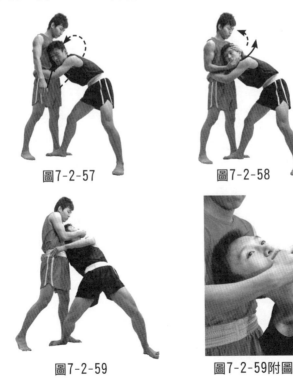

圖7-2-57　　　　　　　圖7-2-58

圖7-2-59　　　　　　　圖7-2-59附圖

【要點】當我推扳對手頭部時，用力方向相反，要協調用力，兩手要拿緊對手頭部，重心要降低。此方法如用力過猛，可直接挫斷脖頸，致對手死亡，必須慎用。一般運用時可以解脫對手的糾纏，然後用其他方法控制對手。

2. 教學步驟與方法

(1) 示範，由於擒拿技術的示範必須由兩人配合才能完成，因此在教學中，一般採用側向位的示範，這樣能夠讓學生看清楚技術動作的整個過程。示範方法一般採用完整攻防示範、慢速分解示範和慢速完整示範。

①**完整攻防示範**：教師請一位同學出列，配合教師做完整的攻防示範。學生正面下潛抱住教師腰部，教師迅速兩手卡緊學生頭部，同時向相反方向推扳，形成挫力，完成擒拿。

②**慢速分解示範**：將抱腰擰脖分解為三步，第一步學生正面下潛兩手抱住教師腰部，重點讓學生看清楚兩手抱的位置。第二步教師兩手卡住對手頭部，重點讓學生看清楚兩手卡的位置。第三步教師兩手同時向相反方向推扳，形成挫力，重點讓學生看清楚發力路線和身體的配合。

③**慢速完整示範**：學生配合教師做完整慢速的抱腰擰脖示範，重點讓學生看清楚動作的整個過程和路線。

(2) 邊講解邊示範，講解的重點是每一步動作環節的路線、用力方向和步法移動的方位。

就抱腰擰脖而言，第一步學生正面下潛以兩手抱住教師腰部，重點講解攻擊的方法。

第二步教師身體稍前傾，一隻手迅速用力按住對手頭

頂部，另一隻手用力向上推住對手的下巴，兩手卡緊對手頭部，重點講解兩手按、推的部位和身體的配合。

第三步教師兩手同時向相反方向推扳，形成挫力，使對手脖、頸部受挫，完成擒拿，重點講解用力路線和用力方向及身體的配合。

(3) 練習，教師指揮學生兩人一組，自由配對，分甲乙雙方進行練習。重點提示學生在練習時體會動作路線、擒拿的部位和用力方向，特別強調不能使用爆發力。

①**分解練習**：教師提示口令1，甲方下潛抱腰；口令2，乙方卡緊頭部；口令3，乙方用力推扳。學生依據教師口令進行各個環節的動作練習。

②**慢速完整練習**：在學生學會動作的各個環節後，教師用口令「預備」「1」「2」「3」提示學生進行動作練習，在這個過程中重點讓學生體會各環節的移動路線和用力方向。

③**交換練習**：學生學會動作後，交換角色進行練習，體會不同角色在動作練習過程中的不同感受。

(4) 效果檢驗和糾錯，學生掌握動作方法以後，要對學習的效果進行檢驗，主要由被擒拿學生的感受回饋來檢驗。在抱腰擰脖的效果檢驗中，如果沒有將學生的頭部卡緊，被擒拿學生就會有時間反抗，以至完不成擒拿，此時教師要仔細分析出現這種錯誤的原因——未按頭推下巴，然後講解示範正確的動作方法，再讓學生體會動作，使其正確理解擒拿手法中拿的部位的重要性，從而使學生更好地掌握技術動作。

（三）抱腰掰指

1. 動作方法及要點

當對手從背後雙手抱住我腰部時，我雙手分別扣抓對手拇指，迅速向外掰，使對手拇指極度疼痛，完成擒拿。（圖 7-2-60～圖 7-2-62）

【要點】扣抓時要快速、準確，把對手的拇指牢牢扣住，用力要狠。

圖7-2-60　　　　圖7-2-61　　　　圖7-2-62

2. 教學步驟與方法

（1）示範，由於擒拿技術的示範必須由兩人配合才能完成，因此在教學中，一般採用側向位的示範，這樣能夠讓學生看清楚技術動作的整個過程。示範方法一般採用完整攻防示範、慢速分解示範和慢速完整示範。

①**完整攻防示範**：教師請一位同學出列，配合教師做完整的攻防示範。學生從背後雙手抱住教師腰部，教師雙手扣抓學生拇指用力外掰，完成擒拿。

②**慢速分解示範**：將抱腰掰指分解為兩步，第一步學生從背後雙手抱住教師腰部，重點讓學生看清楚雙手合抱

位置。第二步教師兩手扣抓學生拇指，用力外掰，重點讓學生看清楚扣抓的位置和用力方向。

③**慢速完整示範**：學生配合教師做完整慢速的抱腰掰指示範，重點讓學生看清楚動作的整個過程和路線。

(2) 邊講解邊示範，講解的重點是每一步動作環節的路線、用力方向和步法移動的方位。

就抱腰掰指而言，第一步學生從背後雙手抱住教師腰部，重點講解攻擊的方法。

第二步教師雙手分別扣抓學生拇指，迅速向外掰，使其拇指極度疼痛，完成擒拿，重點講解用力路線和用力方向。

(3) 練習，教師指揮學生兩人一組，自由配對，分甲乙雙方進行練習。重點提示學生在練習時體會動作路線、擒拿的部位和用力方向，特別強調不能使用爆發力。

①**分解練習**：教師提示口令1，甲方後抱腰；口令2，乙方扣指外掰。學生依據教師口令進行各個環節的動作練習。

②**慢速完整練習**：在學生學會動作的各個環節後，教師用口令「預備」「1」「2」提示學生進行動作練習，在這個過程中重點讓學生體會各環節的移動路線和用力方向。

③**交換練習**：學生學會動作後，交換角色進行練習，體會不同角色在動作練習過程中的不同感受。

(4) 效果檢驗和糾錯，學生掌握動作方法以後，要對學習的效果進行檢驗，主要由被擒拿學生的感受回饋來檢驗。在抱腰掰指的效果檢驗中，如果沒有將學生的拇指扣

緊，被擒拿學生很容易掙脫、反抗，此時教師要仔細分析
出現這種錯誤的原因——雙手未快速準確扣抓，然後講解
示範正確的動作方法，再讓學生體會動作，使其正確理解
擒拿手法中扣抓部位準確的重要性，從而使學生更好地掌
握技術動作。

（四）掏腿坐膝

1.動作方法及要點

當對手從後面摟抱我時，我迅速彎腰臀部撞擊對手襠
部，同時雙手抓握對手踝關節向上致使其倒地，然後猛力
坐壓在對手的膝關節位置上。（圖7-2-63～圖7-2-65）

【要點】用臀部撞擊對手襠部致使對手摟抱的手臂鬆
脫，順勢抓握對手踝關節將其腿抬起，迅速猛力坐壓其膝
關節。

圖7-2-63　　　　圖7-2-64　　　　　　圖7-2-65

2.教學步驟與方法

（1）示範，由於掏腿坐膝技術的示範必須由兩人配合
才能完成，因此在教學中，一般採用側向位的示範，這樣

能夠讓學生看清楚技術動作的整個過程。示範方法一般採用完整攻防示範、慢速分解示範和慢速完整示範。

①**完整攻防示範**：教師請一位同學出列，配合教師做完整的攻防示範。學生從後面摟抱教師，教師彎腰用臀部撞擊其襠部，然後掏其腿並坐壓在其膝關節上。

②**慢速分解示範**：將掏腿坐膝方法分解為三步。第一步學生從後面摟抱教師，教師彎腰用臀部撞擊其襠部，重點讓學生看清楚動作路線和撞擊的部位。第二步教師抓握學生腳後跟，致使其倒地，重點讓學生看清楚動作的用力要點。第三步教師抬起對手腿部並用臀部猛力坐壓其膝關節，致使對手膝關節折斷將其擒住，重點讓學生看清楚坐壓的部位和動作路線。

③**慢速完整示範**：學生配合教師做完整慢速的掏腿坐膝方法示範，重點讓學生看清楚動作路線和動作的用力要點。

(2) 邊講解邊示範，講解的重點是每一步動作環節的路線和用力要點。

就掏腿坐膝而言，第一步學生從後面摟抱教師並將其手臂也摟抱在其內，教師彎腰用臀部撞擊學生襠部，致使學生雙手鬆脫，重點講解動作的發力要點和動作路線。

第二步教師雙手抓握住對手的踝關節，然後猛力向上扳拉，致使對手倒地，重點講解動作的發力方向和抓握的部位。

第三步教師抓握住其踝關節並上抬其腿，然後坐壓對手的膝關節位置，重點講解動作路線和坐壓的部位。

（3）練習，教師指揮學生兩人一組，自由配對，分甲乙雙方進行練習。重點提示學生在練習時體會動作的用力要點和坐壓的方式，特別強調在坐壓其膝關節時不能使用爆發力。

①**分解練習**：教師提示口令1，甲方摟抱乙方，乙方用臀部撞擊甲方；口令2，乙方抓握甲方腳後跟讓其倒地；口令3，乙方坐壓甲方膝關節。

②**慢速完整練習**：在學生學會動作的各個環節後，教師用口令「預備」「1」「2」「3」提示學生進行動作練習，在這個過程中重點讓學生體會各環節的用力要點、撞擊部位和坐壓部位。

③**交換練習**：學生學會動作後，交換角色進行練習，體會不同角色在動作練習過程中的不同感受。

（4）效果檢驗和糾錯，學生掌握動作方法以後，要對學習的效果進行檢驗，主要由被擒拿學生的感受回饋來檢驗。在掏腿坐膝方法的效果檢驗中，如果臀部撞擊的力度不夠，對手摟抱的手臂沒有鬆脫，以至於不能彎腰，會直接影響到後面掏腿和坐壓動作的進行，從而被對手摟抱住。此時教師要仔細分析出現這種錯誤的原因——臀部撞擊對手襠部的力度不夠，致使對手沒產生疼痛而鬆脫摟抱手臂。然後講解示範正確的動作方法，再讓學生體會臀部撞擊的動作方法、掌握撞擊的動作要領，使其正確理解在掏腿坐膝的方法中臀部撞擊的重要性，從而使學生更好地掌握技術動作。

抓頭髮

（一）壓手捲腕

1. 動作方法及要點

當對手用手正面抓住我頭髮時，我兩手迅速扣拿對手手掌，將其手掌牢牢扣壓在我頭上，同時兩手拇指穿過對手手掌，按壓對手掌心，其餘四指壓住對手手背，隨即向前低頭俯身，使其腕關節受制被擒。（圖 7-2-66～圖 7-2-68、圖 7-2-68 附圖）

圖7-2-66　　　　　　　　圖7-2-67

圖7-2-68　　　　　　　　圖7-2-68附圖

【要點】兩手抓拿對手手掌要快速、準確，並將其手掌牢牢扣壓在我頭上；低頭俯身要快，不給對手解脫時間；捲彎對手掌指手腕要狠，動作協調連貫，使其腕關節過度背屈而被我所擒。

2. 教學步驟與方法

（1）示範，由於壓手捲腕的示範必須由兩人配合才能完成，因此在教學中，一般採用側向位的示範，這樣能夠讓學生看清楚技術動作的整個過程。示範方法一般採用完整攻防示範、慢速分解示範和慢速完整示範。

①**慢速攻防示範**：教師請一位同學出列，配合教師做完整的攻防示範。學生用右手抓握教師頭髮，教師雙手按壓對手手掌，低頭俯身重心下沉，使對手腕關節背屈。

②**慢速分解示範**：將壓手捲腕動作分解為兩步。第一步學生用右手抓握教師頭髮，教師雙手按壓對手手掌，重點讓學生看清楚動作路線和按壓的手法。第二步教師低頭俯身，重心下沉，將對手擒住，重點讓學生看清楚動作路線和用力方向。

③**慢速完整示範**：學生配合教師做完整的慢速壓手捲腕動作示範，重點讓學生看清楚動作路線和用力方向。

（2）邊講解邊示範，講解的重點是每一步動作環節的路線和用力方向。

就壓手捲腕而言，第一步學生用右手抓握教師頭髮，教師迅速用雙手將學生手掌按壓在頭上，同時拇指穿過對手手掌，其餘四指按壓手背，重點講解按壓的手法和動作路線。

第二步教師低頭俯身，重心迅速下沉，將對手腕關節過度背屈，重點講解動作路線和用力方向。

（3）練習，教師指揮學生兩人一組，自由配對，分甲乙雙方進行練習。重點提示學生在練習時體會動作的用力方向和扣抓的手法，特別強調在低頭俯身的時候不能使用爆發力。

①**分解練習**：教師提示口令1，甲方抓握乙方頭髮，乙方雙手扣壓甲方手掌；口令2，乙方低頭俯身。學生依據教師口令進行各個環節的動作練習。

②**慢速完整練習**：在學生學會動作的各個環節後，教師用口令「預備」「1」「2」提示學生進行動作練習，在這個過程中重點讓學生體會低頭俯身、重心下沉和用力方向。

③**交換練習**：學生學會動作後，交換角色進行練習，體會不同角色在動作練習過程中的不同感受。

（3）效果檢驗和糾錯，學生掌握動作方法以後，要對學習的效果進行檢驗，主要由被擒拿學生的感受回饋來檢驗。在壓手捲腕的效果檢驗中，如果把頭上的手扣壓不緊，對手很容易把手抽出，此時教師要仔細分析出現這種錯誤的原因——拇指沒有穿過對手的手掌與其他四指形成搓力，然後講解示範正確的動作方法，再讓學生體會扣壓的動作方法，使其正確理解壓手捲腕手法中扣壓對方手掌的重要性，從而使學生更好地掌握技術動作。

（二）轉身折腕

1.動作方法及要點

當對手從後方抓握我頭髮時，我迅速轉身的同時兩手抓拿對手手掌，將其手掌牢牢扣壓在我頭上；隨即兩手將對手的手掌翻至掌心朝上，兩手緊握對手手掌（**拇指貼住對手掌心，其餘四指壓住對手手背**），提重心，猛抬頭，向上猛折對手手腕，使其腕關節過度背屈而被我所擒。（圖7-2-69～圖7-2-72）

圖7-2-69

圖7-2-70

圖7-2-71

圖7-2-72

【要點】轉身抓拿對手手掌要敏捷迅速，抓住後注意拿的部位要準確；翻腕、抬頭、兩手壓緊要協調配合，不給對手解脫機會；折腕要狠，發力乾脆，一氣呵成。

2. 教學步驟與方法

(1) 示範，由於擒拿技術的示範必須由兩人配合才能完成，因此在教學中，一般採用側向位的示範，這樣能夠讓學生看清楚技術動作的整個過程。示範方法一般採用完整攻防示範、慢速分解示範和慢速完整示範。

①**完整攻防示範**：教師請一位同學出列，配合教師做完整的攻防示範。學生從後方抓教師頭髮，教師迅速轉身同時兩手抓拿學生手背，將其手掌牢牢扣壓在教師頭上，並把手掌翻至掌心朝上，提重心，猛抬頭，向上猛折其手腕。

②**慢速分解示範**：將轉身折腕分解為三步，第一步學生從後方抓握教師頭髮，重點讓學生看清楚抓握的位置。第二步教師轉身同時抓握學生手背，將學生手掌牢牢扣壓在教師頭上，重點讓學生看清楚轉身方向和抓握部位。第三步教師將學生手掌翻至掌心朝上，提重心，猛抬頭，向上猛折學生手腕，重點讓學生看清楚手掌移動的路線和身體的配合。

③**慢速完整示範**：學生配合教師做完整慢速的轉身折腕示範，重點讓學生看清楚動作的整個過程和路線。

(2) 邊講解邊示範，講解的重點是每一步動作環節的路線、用力方向和步法移動的方位。

就轉身折腕而言，第一步學生從後方抓握教師頭髮，重點講解攻擊的方法。

第二步教師迅速轉身的同時抓拿學生手背，把學生手掌牢牢扣壓在教師頭上，重點講解雙手抓拿的位置和身體移動的路線。

第三步教師兩手將學生的手掌翻至掌心朝上，兩手緊握學生手掌（拇指對學生掌心，其餘四指壓住學生手背），提重心，猛抬頭，向上猛折學生手腕，使其腕關節過度背屈而被教師所擒，重點讓學生看清楚手掌移動路線、身體重心的變化及用力方向和用力路線。

(3) 練習，教師指揮學生兩人一組，自由配對，分甲乙雙方進行練習。重點提示學生在練習時體會動作路線、擒拿的部位和用力方向，特別強調不能使用爆發力。

①**分解練習**：教師提示口令 1，甲方抓握乙方頭髮；口令 2，乙方轉身扣壓甲方手背；口令 3，配合身體猛折甲方手腕。學生依據教師口令進行各個環節的動作練習。

②**慢速完整練習**：在學生學會動作的各個環節後，教師用口令「預備」「1」「2」「3」提示學生進行動作練習，在這個過程中重點讓學生體會各環節的移動路線和用力方向。

③**交換練習**：學生學會動作後，交換角色進行練習，體會不同角色在動作練習過程中的不同感受。

(4) 效果檢驗和糾錯，學生掌握動作方法以後，要對學習的效果進行檢驗，主要由被擒拿學生的感受回饋來檢驗。在轉身折腕的效果檢驗中，如果轉身的方向不正確，就擒拿不住對手，此時教師要仔細分析出現這種錯誤的原因——身體未向後翻轉，未固定對手的抓手，然後講解示

範正確的動作方法，再讓學生體會動作，使其正確理解擒拿手法中轉身及抓拿固定對手的重要性，從而使學生更好地掌握技術動作。

卡脖子

（一）卡頸掰指

1. 動作方法及要點

當對手正面用右手卡住我脖子時，我迅速用右手扣抓對手拇指，同時左手配合扣抓，兩手將對手拇指牢牢扣緊，然後身體前傾，兩手用力向外掰，使其拇指極度疼痛，完成擒拿。（圖7-2-73～圖7-2-75、圖7-2-74附圖）

圖7-2-73

圖7-2-74

圖7-2-74附圖

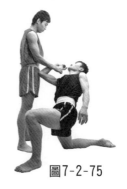

圖7-2-75

【要點】右手扣抓要快速、有力，兩手將對手拇指牢牢扣緊，發力要狠、快、脆。

2. 教學步驟與方法

(1) 示範，由於擒拿技術的示範必須由兩人配合才能完成，因此在教學中，一般採用側向位的示範，這樣能夠讓學生看清楚技術動作的整個過程。示範方法一般採用完整攻防示範、慢速分解示範和慢速完整示範。

①完整攻防示範：教師請一位同學出列，配合教師做完整的攻防示範。學生正面用右手卡住教師脖子，教師迅速用右手扣抓學生拇指，同時左手配合扣抓，兩手配合身體用力外掰，完成擒拿。

②慢速分解示範：將卡脖掰指分解為兩步，第一步學生正面右手卡住教師脖子，重點讓學生看清楚卡的位置。第二步教師兩手扣抓學生拇指，用力外掰，重點讓學生看清楚扣抓的位置和身體的配合。

③慢速完整示範：學生配合教師做完整慢速的卡脖掰指示範，重點讓學生看清楚動作的整個過程和路線。

(2) 邊講解邊示範，講解的重點是每一步動作環節的路線、用力方向和步法移動的方位。

就卡脖掰指而言，第一步學生正面右手卡住教師的脖子，重點講解攻擊的方法。第二步教師迅速用右手扣抓對手拇指，同時左手配合扣抓，身體前傾，兩手用力向外掰，使學生拇指極度疼痛，完成擒拿，重點講解用力路線和用力方向及身體的配合。

(3) 練習，教師指揮學生兩人一組，自由配對，分甲

乙雙方進行練習。重點提示學生在練習時體會動作路線、擒拿的部位和用力方向，特別強調不能使用爆發力。

①**分解練習**：教師提示口令1，甲方正面卡脖；口令2，乙方扣指外掰。學生依據教師口令進行各個環節的動作練習。

②**慢速完整練習**：在學生學會動作的各個環節後，教師用口令「預備」「1」「2」提示學生進行動作練習，在這個過程中重點讓學生體會各環節的移動路線和用力方向。

③**交換練習**：學生學會動作後，交換角色進行練習，體會不同角色在動作練習過程中的不同感受。

（4）效果檢驗和糾錯，學生掌握動作方法以後，要對學習的效果進行檢驗，主要由被擒拿學生的感受回饋來檢驗。在卡頸掰指的效果檢驗中，如果沒有將學生的拇指扣緊，被擒拿學生很容易掙脫、反抗，此時教師要仔細分析出現這種錯誤的原因——未雙手扣抓，然後講解示範正確的動作方法，再讓學生體會動作，使其正確理解兩手配合扣指外掰的重要性，從而使學生更好地掌握技術動作。

（二）扣手旋腕

1. 動作方法及要點

當對手正面雙手卡住我脖子時，我右手迅速從對手左臂下穿過抓拿對手右掌（拇指扣緊對手虎口食指根部，其餘四指扣抓小指側緣，掌根頂住對手手臂），用左前臂向下用力按壓對手右肘關節，同時身體前傾，降重心向右側轉體，使對手右腕關節劇烈疼痛跪地被擒。（圖7-2-

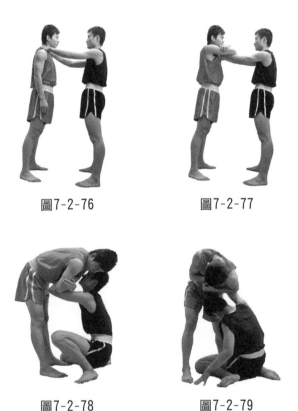

圖7-2-76　　　　　　　圖7-2-77

圖7-2-78　　　　　　　圖7-2-79

76～圖 7-2-79）

　　【要點】右手扣拿對手手掌要迅速準確，配合頸椎左側屈、提肩將對手右手牢牢控制在我頸部左側；左手按壓對手肘關節和身體前傾、降重心向右側轉體用力要協調，整個動作一氣呵成，不給對手解脫機會。

　　2. 教學步驟與方法

　　（1）示範，由於擒拿技術的示範必須由兩人配合才能完成，因此在教學中，一般採用側向位的示範，這樣能夠

讓學生看清楚技術動作的整個過程。示範方法一般採用完整攻防示範、慢速分解示範和慢速完整示範。

①**完整攻防示範**：教師請一位同學出列，配合教師做完整的攻防示範。學生正面用兩手卡住教師脖子，教師迅速用右手下穿扣抓學生右掌，同時左前臂向下按壓對手右肘關節，身體右轉前傾，完成擒拿。

②**慢速分解示範**：將扣手旋腕分解為三步，第一步學生正面兩手卡住教師脖子，重點讓學生看清楚卡的位置。第二步教師右手下穿抓拿學生右掌，左前臂下壓學生肘關節，重點讓學生看清楚抓拿部位、動作路線和下壓的位置。第三步教師身體前傾、降重心，向右側轉體，重點讓學生看清楚身體的配合和發力方向。

③**慢速完整示範**：學生配合教師做完整慢速的扣手旋腕示範，重點讓學生看清楚動作的整個過程和路線。

(2) 邊講解邊示範，講解的重點是每一步動作環節的路線、用力方向和步法移動的方位。

就扣手旋腕而言，第一步學生正面雙手卡住教師的脖子，重點講解攻擊的方法。

第二步教師右手抓拿學生右掌，左前臂下壓學生肘關節，重點講解用力路線和用力方向。

第三步教師身體前傾、降重心，向右側轉體，重點講解身體的配合。

(3) 練習，教師指揮學生兩人一組，自由配對，分甲乙雙方進行練習。重點提示學生在練習時體會動作路線、擒拿的部位和用力方向，特別強調不能使用爆發力。

①**分解練習**：教師提示口令 1，甲方正面卡脖；口令 2，乙方扣拿壓臂；口令 3，身體配合，完成擒拿。學生依據教師口令進行各個環節的動作練習。

②**慢速完整練習**：在學生學會動作的各個環節後，教師用口令「預備」「1」「2」「3」提示學生進行動作練習，在這個過程中重點讓學生體會各環節的動作、移動路線和用力方向。

③**交換練習**：學生學會動作後，交換角色進行練習，體會不同角色在動作練習過程中的不同感受。

（4）效果檢驗和糾錯，學生掌握動作方法以後，要對學習的效果進行檢驗，主要由被擒拿學生的感受回饋來檢驗。在扣手旋腕的效果檢驗中，如果沒有將學生的肘關節壓緊，被擒拿學生很容易掙脫、反抗，此時教師要仔細分析出現這種錯誤的原因——左前臂未下壓對手肘關節，然後講解示範正確的動作方法，再讓學生體會動作，使其正確理解右手下穿抓拿手法的準確和左前臂下壓的部位的重要性，從而使學生更好地掌握技術動作。

（三）彈襠推頜

1. 動作方法及要點

當對手從正面兩手卡住我脖子時，我用左腳彈踢對手襠部，對手被擊中時，我迅速上步，左手抄抱對手頸部，將其頭部牢牢卡在我上臂與前胸之間，同時右手以瓦楞掌直推對手下頜，拇指頂扣對手舌骨部，使對手頸部過度後仰，呼吸不暢而被我所擒。（圖 7-2-80～圖 7-2-82）

圖7-2-80　　　　　　　　　圖7-2-81

圖7-2-82

【要點】我用腿法擊打對手襠部時，動作要隱蔽，否則對手有所防備；左手抄抱對手後頸，要將對手頭部牢牢卡在我上臂與前胸之間；向前頂推對手下頜力量要猛，使對手一擊而失去反抗能力。整個動作協調連貫，不可脫節。

2.教學步驟與方法

（1）示範，由於彈襠推頜技術的示範必須由兩人配合才能完成，因此在教學中，一般採用側向位的示範，這樣

能夠讓學生看清楚技術動作的整個過程。示範方法一般採用完整攻防示範、慢速分解示範和慢速完整示範。

①完整攻防示範：教師請一位同學出列，配合教師做完整的攻防示範。學生兩手卡住教師脖子，教師用左腳正面彈踢學生襠部，在學生被擊中起反應的時候，迅速上步將學生頭部卡在教師左上臂與前胸之間，同時右手直推其下頜，完成擒拿。

②慢速分解示範：將彈襠推頜分解為四步，第一步學生正面雙手卡脖，重點讓學生看清楚卡的位置。第二步教師左腳正面彈踢學生襠部，重點讓學生看清楚左腳彈的位置和兩人之間的距離。第三步教師上步，左手臂抄抱學生後頸部，將其頭部牢牢卡緊，重點讓學生看清楚上步位置和學生頭部被固定的位置。第四步教師右手直推學生下頜，重點讓學生看清楚直推的位置。

③慢速完整示範：學生配合教師做完整慢速的彈襠推頜示範，重點讓學生看清楚動作的整個過程和路線。

（2）邊講解邊示範，講解的重點是每一步動作環節的動作路線、手掌拿抓的方法、用力方向和步法的移動變化。就彈襠推頜而言，第一步學生由正面兩手卡住教師脖子，提醒學生注意攻擊的方法。第二步教師用左腳正面彈踢學生襠部，讓學生注意觀察彈踢的位置和彈踢後學生的反應。第三步在學生被擊中時，迅速上步，左手抄抱學生頸部，將其頭部牢牢卡在教師上臂與前胸之間，讓學生注意觀察抄抱的路線和固定位置。第四步教師右手直推學生下頜，讓學生注意觀察用力方向。

（3）練習，教師指揮學生兩人一組，自由配對，分甲乙雙方進行練習。重點提示學生在練習時體會動作路線、擒拿的部位和用力方向，特別強調不能使用爆發力。

①**分解練習**：教師口令指揮1，甲方雙手卡脖；口令2，乙方左腳彈襠；口令3，左手抄抱；口令4，右手推頜。學生依據教師口令進行各個環節的動作練習。

②**慢速完整練習**：在學生學會動作的各個環節後，教師用口令「預備」「1」「2」「3」「4」提示學生進行動作練習，在這個過程中重點讓學生體會彈襠、抄抱、推頜的方法、移動路線和用力方向。

③**交換練習**：學生學會動作後，交換角色進行練習，體會不同角色在動作練習過程中的不同感受。

（4）效果檢驗和糾錯，學生掌握動作方法以後，要對學習的效果進行檢驗，主要由被擒拿學生的感受回饋來檢驗。在推頜手法的效果檢驗中，如果將學生的頭部固定不好，那麼學生不會感受到強烈疼痛，很容易掙脫，此時教師要仔細分析出現這種錯誤的原因——未將對手頭部牢牢卡在我上臂與前胸之間。然後講解示範正確的動作方法，再讓學生體會動作，使其正確理解彈踢部位的重要性和上步抄抱的準確性，從而使學生更好地掌握技術動作。

第八章 徒手擒拿格鬥術
防守技術及其教法

在對敵格鬥實戰中，進攻不是克敵制勝的唯一管道，不可能每一次都是我方佔據主動地位，很多時候都是在對手佔據主動地位進攻後，我方實施防守反擊，也就是在防守對手進攻中找到我方進攻的時機，果斷出擊，從而變被動為主動，進而在反擊中制服或打倒對手。

徒手擒拿格鬥中防守的整個過程是一個觀察對手、作出判斷、果斷反擊的運動反應過程。因此，在格鬥對敵中一定要集中全部精力，仔細觀察對手的一舉一動，只有這樣，在對手向你發動進攻時，才能夠做出行之有效的防守動作，從而為反擊贏得時間。

從技術角度而言，一個進攻動作是由起點、運動路線和打擊部位三部分組成的，防守的最佳時機應該是對手進攻動作運動到中間的位置，此時對方已經發力但發力不完全，想改變進攻動作已經不可能的時候。另外，防守的原則是以最小的防守動作獲取最佳的防守效果。

為了方便掌握防守的基本技術，以下將防守分為閃躲防守技術、阻擋技術和阻擾技術等。

第一節　防守技術的特徵

準確巧妙地防守，一則能保護自己，二則為更好地進攻創造條件。

防守是積極主動的，其目的是為了更好的進攻。防守技術總的要求是對對手的進攻時間、運行路線、攻擊方法和部位反應敏捷，判斷準確，達到自動化程度。

一、防守面大，防守幅度適宜

防守面大是指在實戰中要立足於防一片，即防守面要大，不要只防一點，儘量提高防守的成功率。

實戰中防守動作幅度小在防守中是不易做到的，特別是缺乏實戰經驗的選手，遇到對手容易產生緊張和恐懼心理，當對手進攻時一般只想防住對手，以致動作幅度過大，影響了防守的準確性。

防守動作幅度的大小要以防守的效果和是否有利於反擊為準，不能只圖幅度小而失去了防守和反擊的作用。

二、時機恰當，位移準確

時機恰當要求防守時間和進攻時間恰到好處，不早不晚。閃躲過早，對手則轉移進攻和變換招法；晚了則可能被擊中。位移準確指閃躲對方的進攻時，身體姿勢的改變或距離的移動要有高度的準確性。

移動距離短了，往往易被擊中；距離長了或幅度過

大，勢必會給反擊增加難度，甚至貽誤戰機。

三、整體協調，還原轉換快

整體協調，指無論是前避後撤，還是左右閃躲，都必須注意整體性、一致性。

還原轉換快，就是要求防守後回原位和轉換進攻時間和連續變換幾種防守的間隔要短。

第二節 防守技術的分類及教學方法

在技擊實戰中，作為實戰的一方，為了制服對手，一般採取主動進攻的方法攻擊對手，但是某些特定環境裡，實戰的參與者面對更多的是如何解脫對手的糾纏，運用反擊制服對手。因此，我們對擒拿術的分類也從這兩個方向入手，把擒拿術分為用於主動進攻的主動擒拿和用於防守反擊的被動反擒拿兩大類。

上面我們說到，擒拿術有著自己豐富而獨立的技術理論體系，不可能把所有的技術方法都做以詳細的講解，只選取生活中常見的、簡單易學的主動擒拿與被動反擒拿技術配以文字和動作路線圖加以說明。

一、閃躲防守技術

閃躲防守的理念就是：無論對手有多大的力量進攻，我透過閃躲防守，使對手強有力的進攻落空。

不管對手的力量有多大，技術有多好，如果作用不到

我身上的話，也是沒有用的。所以，掌握和運用好閃躲防守技術，也是非常重要的。

（一）後撤閃躲

甲乙格鬥勢站立，乙出進攻動作進攻甲頭部、胸腹部，甲腳步後撤，上體後傾，重心放在後腿上，兩腿稍彎，兩臂屈於胸前護身，目視對手。（圖 8-2-1、圖 8-2-2）

【要點】閃躲時含胸拔背，身體離對手的距離以拳打不到、腳踢不順為最佳，便於反擊。

圖8-2-1　　　　　　　　　圖8-2-2

（二）下潛閃躲

甲乙雙方格鬥勢站立，乙用拳法進攻甲頭部，甲迅速降重心，膝關節彎曲，含胸收腹，目視對手。（圖 8-2-3、圖 8-2-4）

【要點】身體重心下降時兩膝彎曲，臀部不要上翹，上下肢協調。

圖8-2-3　　　　　　　　　圖8-2-4

（三）搖避閃躲

甲乙格鬥勢站立，乙右擺拳攻擊甲上盤時，甲左腳向前上步，上體向左側俯身，重心下降，自下向右側上方晃動，晃動時左腳跟提起，膝關節彎曲內扣，眼斜視對手。左右搖避動作相同，唯方向相反。（圖8-2-5～圖8-2-8）

【要點】上步、俯身、降重心配合協調。

圖8-2-5　　　　　　　　　圖8-2-6

圖8-2-7

圖8-2-8

（四）側閃躲避

甲乙格鬥勢站立，乙出進攻動作進攻甲，甲藉由腳步向左（右）移動，帶動身體向左（右）躲閃，使乙的進攻動作作用不到甲身上。（圖 8-2-9、圖 8-2-10）

【要點】往左躲閃時上體右轉，往右躲閃時上體左轉。

圖8-2-9

圖8-2-10

二、阻擋技術

阻擋技術就是改變對手動作路線,使其動作作用不到我身或是以最小的力量打到我身上。

(一)拍擋

甲乙格鬥勢站立,乙用直拳拳法攻擊甲頭部或胸部,甲拳心或掌心向裡橫向拍擊乙拳。(圖 8-2-11、圖 8-2-12)

【要點】拍的時機要掌握好,早則拍不到,晚則撲空。

圖8-2-11 圖8-2-12

(二)格擋

甲乙格鬥勢站立,乙用擺拳拳法擊打甲頭部,甲抬臂收拳於頭部或肩上格擋。格擋分為左右格擋,動作方法相同。(圖 8-2-13、圖 8-2-14)

圖8-2-13　　　　　　　　　圖8-2-14

【要點】格擋動作要猛，低頭含胸，上臂前臂夾緊。

（三）架擋

甲乙格鬥勢站立，乙用劈拳拳法或劈掌自上向下劈擊甲時，甲重心下降，用單臂或雙臂向上架擋對手進攻。（圖 8-2-15、圖 8-2-16）

【要點】上架動作要猛，下盤要穩，低頭含胸。

圖8-2-15　　　　　　　　　圖8-2-16

（四）掛格

甲乙格鬥勢站立，乙用腿法攻擊甲大腿或胸腹部時，甲重心降低，左臂由內向外掛擋格開對手腳部，同時上體右轉。右邊動作相同，方向相反。（圖 8-2-17、圖 8-2-18）

【要點】在掛格開對手腳部時，掛格、轉體同時進行。

圖8-2-17　　　　　　　　圖8-2-18

（五）壓擋

甲乙格鬥勢站立，甲以下衝拳、勾拳、撩腿或蹬踹腿等技法攻擊乙中盤時，乙左右手以掌心或掌根為力點由上向側下方壓攔。（圖 8-2-19、圖 8-2-20）

【要點】把握好時機，手臂自然彎曲，手指手腕用力，臂內旋，掌心斜向下。

圖8-2-19　　　　　圖8-2-20

（六）阻擋

1. 夾肘側提膝

甲乙格鬥勢站立，甲用腿法進攻乙時，乙左腿屈膝迅速提起，重心後移落在右腿，身體團緊進行阻擋，目視對手。（圖 8-2-21、圖 8-2-22）

【要點】提起腳的膝關節、小腿和肩一定要正對對手。

圖8-2-21　　　　　圖8-2-22

2.蹬踹阻擊

甲乙格鬥勢站立,當乙進攻甲時,甲可根據自身站位不同,選擇採用蹬腿或踹腿阻擊對手進攻。(圖8-2-23、圖8-2-24)

【要點】蹬或踹的部位是對手髖關節、下腹或襠部,阻擊時機要把握準確,早則無用,晚則遭反擊。

圖8-2-23   圖8-2-24

三、阻擾技術

阻擾防守是根據對手的站位,快速貼近或摟抱對手,以達到不給對方時機出動作的目的,從而保護自己實施解脫。

四、防守技術的教學與練習方法

準確、巧妙的防守,一則能保護自己,二則能為更好地進攻創造條件。

拳經說：「攻中能守手不丟，守中善攻練家愁，嚴守只為攻必進，能攻才能好防守。」防守是積極主動的，其目的是為了更好地進攻，在教學和練習中一定要注意防守的重要性。

（一）教學方法

（1）示範，在防守技術教學中，為了讓學生看清楚各種防守技術的動作環節，一般採用換位側向示範，即教師請一位學生出列，配合教師做防守技術示範。學生出動作進攻教師，教師運用要學習的防守動作避開學生的進攻。然後教師和學生交換站位，學生再進攻，教師再利用防守技術避開學生進攻的示範。

在這個過程中可採用不同的示範形式，如快慢相間示範法，慢速示範的目的是讓學生看清楚防守技術的運動路線、動作方向和方法；快速示範則是讓學生看清楚，防守技術動作的整個動作過程。

（2）邊講解邊示範，學生與教師配合做防守技術的示範，教師把每個防守動作分成幾個環節，重點講解每一環節的動作路線、時機、動作方法和動作幅度。

（二）練習方法

（1）假想進攻練習，在學生掌握防守技術方法以後，要反覆進行練習，鞏固動作的動力定型。此時，教師可以讓學生分散開，用口令如「直拳」「鞭腿」等提示學生假想面前有對手出「直拳」「鞭腿」等動作攻擊，讓學生運

用所學的防守技術方法進行防守，如此反覆練習。開始時教師的口令節奏要慢，隨著學生練習程度的加深，口令節奏逐漸加快。

(2) 條件進攻與防守練習，讓學生兩人一組，一人進攻，一人用防守技術進行防守。進攻的同學要控制力量，防守的同學要把防守技術動作做出來，如此反覆練習，慢慢過渡到進攻同學發力出動作進攻，防守同學運用防守技術防守對手進攻。

(3) 限制性練習，在練習防守技術時，為了使練習者掌握多種防守方法，可以對練習時的情況加以限制。例如：進攻的同學出動作攻擊，讓防守的同學靠牆練習防守技術，且只能防守不能反擊，以此來提高防守者對防守時機和動作幅度的把握。

第九章 徒手擒拿格鬥術 實戰應用

在日常生活中遇到的擒拿格鬥術，敵我雙方始終處在運動中，並進行全面的較量，要想在實戰中取得勝利，就必須有熟練的技術和較好的身體素質。

下面所列舉的實戰技術很多來源於生活，簡單而實用，經過學習都能熟練掌握，並且配以中國優秀傳統項目對擒拿進行鞏固練習，以期收到更好地練習效果。

第一節 徒手擒拿格鬥術運用原則

徒手擒拿格鬥術的施術原則就是在具體的實戰環境下，如何正確地發揮自己的技術，以最有效的技術方法戰勝或打倒對手。換言之，類似於格鬥前明確自己要進行的活動，明確自己進行格鬥的目的，也就是格鬥理念的確立。徒手擒拿格鬥術的施術原則包含兩個方面的內容：進攻原則和防守原則。進攻原則是在對敵格鬥時，主動出擊所運用徒手擒拿格鬥術的原則和格鬥理念；防守原則就是在對敵格鬥中如何在不利環境下保護自己免受對手重擊傷害的原則和理念。本書將徒手擒拿格鬥術的施術原則歸納為以下幾個方面。

一、主動出擊，動作多變，直指對手要害或
薄弱環節

「快、準、狠、穩」是對技擊方法的要求，是徒手搏擊中應遵循的法則。所謂「快、準、狠、穩」是指位移、反應、動作要迅速準確、有力穩定，做到判斷準、反應快、攻防轉換及時，以迅雷不及掩耳之勢，使對手措手不及。在對敵實施擒拿格鬥術時，不能拘泥於一種打法或戰術，不能單調地使用拳打、腳踢、摔法和擒拿。

在搏鬥中由於技術千變萬化，不能預知對敵時的所有情況，因此誰能先出手就能搶佔格鬥的先機，一旦出手則招招指向對手的要害或薄弱部位，爭取一擊使對手喪失抵抗能力；出手時要注意動作的靈活多變，根據實際情況變換攻擊的技術方法，反覆多次的向對手的要害或薄弱部位發起猛烈進攻；採用主動出擊既能使自己處於格鬥的主導位置，進可攻、退可守，又能為自己不斷地變換攻擊方法創造時間和機會，從而使對手措手不及失去對策被我擒服。

二、動作隱蔽，出手突然，增強打擊效果

在實施徒手擒拿格鬥術之前，根據實際情況，盡可能地靠近對手，儘量掩蓋自己的進攻意圖，不能讓對手察覺或注意。在這種情況下，迅速搶佔有利位置，所謂有利位置應是對手要害暴露在我攻擊範圍之內並有利於我進攻的位置和角度。

發起進攻要突然，不給對手反應的時間，進攻動作要隱蔽、兇狠、快速，加強打擊對手的力量。突然攻擊往往會使對手處於被動，從而不及躲閃或自亂方寸，防守也會出現漏洞，從而為我創造更多地進攻機會。總之在進攻時，做到動作隱蔽突然，有利於增強打擊效果。

三、控制距離，直打重擊，踢打摔拿有機結合

在與對手搏鬥過程中，兩個人的距離是瞬息萬變的，因此，在格鬥中要注意控制距離，不能一味地猛打猛衝，徒手擒拿格鬥術的打擊技術很多，可以根據不同的距離採用不同方法進行進攻和防守，總的來說，要控制有效距離。

「遠踢，近打，貼身摔拿」是老武術家們經驗的總結，其意為遠距離用腿法踢擊對手；近距離則用拳、肘、膝打擊對手；當對手貼近我身體時，則用頭、肩、胯、靠摔對手或使用擒拿技術制服對手。要做到踢、打、摔、拿有機結合，全面進攻，才能成功有效地戰勝對手。

四、運用技術改變對手的動作路線和方向

在與敵格鬥對抗中，我處於不利環境下，對手的各種攻擊雨點般施加在我身上時，絕不能一味害怕退縮，這樣會招致更猛烈地攻擊。

在這種情況下，應該冷靜對敵，提前判斷對手的下一個攻擊動作，在對手的攻擊動作施加於我時，採用各種格擋防守技術改變對手的動作方向和路線，使其力量無法有

效的作用在我身上。在改變對手的動作路線和方向後，要以最快的速度、最直接的技術反擊對手，變被動為主動。

五、有效閃躲，使對手的攻擊落空無效

在與敵格鬥中，敵我雙方的第一目標都是將對手擊倒，那麼，任何一方在防守對手進攻的同時，都必須考慮對手對自己使用的各種反擊方法。

在對對手所使用的技術方法進行防守時，可以運用靈活的步法躲閃對手的攻擊，使其所使用的方法不能作用在我身上，讓其作用在空氣裡，攻擊落空無效，這樣對手即使擁有再大的能力，在實戰搏擊中，也達不到傷害我的目的。

六、主動纏抱，使對手不能有效施展動作技術

擒拿格鬥實戰中，要防守好自己不被對手傷害，除了用閃躲和各種阻擋方法以外，還可以在對手未發力之前或發力之初，縮短對手的有效攻擊距離，運用靈活的步法和身法，貼近對手，使對手不能有效的使用技術動作，發揮不出技術動作應有的威力。

七、有效保護自己的要害或薄弱部位

在徒手擒拿格鬥術對抗中，攻擊對手的要害或薄弱部位是首選。那麼，對手也同樣把我的要害或薄弱部位作為首選攻擊目標，對要害或薄弱部位的擊打和擒拿，能夠讓人的身體產生十分強烈的應激反應，甚至能夠使人在短時

間內休克或喪命。

因此，在搏鬥中要時時注意保護自己的要害或薄弱部位，進攻或防守時要注意盡可能地減少暴露給對手，以免遭對手打擊，反為對手所擒制。

八、在法律許可的範圍內使用

徒手擒拿格鬥術的技術方法大都是針對人體的要害進行攻擊，在攻擊中不可避免地要出現致傷致殘的情況，甚至有傷及性命的可能，對不同的對手要使用適宜的技術方法，在法律許可範圍內只能制服的就不能致傷致殘，只能致傷即可的絕不能致死。

練習擒拿格鬥是為了保護自己或他人的人生財產安全不受侵害，但是如果在保護自己權利的過程中使用了不合法的方法或者防衛過當就造成了更嚴重的後果，以至於由受害者變成了害人者，就成了違法者甚至犯罪者。

因此，練習徒手擒拿格鬥術就必須學習瞭解相關的法律知識，要在法律規定的範圍內合理有效地使用所學的技術來保護自己和他人的合法權益。

第二節　徒手擒拿格鬥術實戰應用舉例

為了方便大家對擒拿格鬥的學習和應用，本節將擒拿格鬥的實戰應用分成配套動作和套路擒拿進行講解。

配套的實戰動作均選取簡單易學並且在生活中易於用到的；套路擒拿是我國武術中的一個優秀傳統項目，透過

套路的學習可以加深擒拿格鬥動作的掌握和理解，還可進行武術項目的表演。

一、組合動作實戰運用

在前面的章節中，我們對徒手擒拿格鬥術的各種技術動作和防守方法做了很詳細的講解，為了本書編寫的方便，我們把徒手擒拿格鬥術的基本技術分為六大板塊：格鬥姿勢、打擊技術、踢擊技術、摔法技術、擒拿技術和防守技術。

而實際上，在真正的實戰搏鬥中，徒手擒拿格鬥術基本技術的運用並不是分裂開的，而是緊密聯繫在一起的，是根據時機和距離的不同，以及周圍情況的不同採用不同的技術動作組合，以完成制服或殺傷對手為目的。

徒手擒拿格鬥術講究：攻中有防，防中帶攻，攻防兼備；踢中有打，打中帶踢，踢打加摔，摔中有拿，連拿帶打。在實戰搏鬥中，徒手擒拿格鬥術是將攻防與踢、打、摔、拿結合的綜合技術，技術的方法多樣，下面我們為了學練的方便，選取主動進攻和防守反擊兩個方面共 10 個技術動作組合配以圖片和文字加以敘述。

徒手擒拿格鬥術在主動進攻中的應用舉例

（一）踹腿—撞膝—鎖喉

1. 踹腿

當對手側對或背對我時，我迅速靠近對手，用右低踹腿猛踹對手右膝膕窩部位，致使對手跪下。（圖 9-1-1、

圖 9-1-2）

【要點】靠近對手身體時不要有明顯的意圖，不要讓對手察覺；踹腿踹擊時，發力要狠，注意攻擊的部位。

2.撞膝

上動不停，當對手跪下以後，我迅速上步到對手身側，同時雙手箍抱對手頭部，往我左側身後猛拉，同時用左膝撞擊對手頭部太陽穴。（圖 9-1-3、圖 9-1-4）

【要點】注意上步的距離，雙手箍抱對手頭部後往我身後後拉和提膝上撞同時完成，動作要連貫。

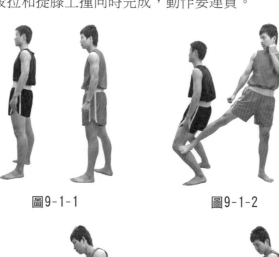

圖9-1-1　　　　　　　　圖9-1-2

圖9-1-3　　　　　　　　圖9-1-4

3. 鎖喉

上動不停,對手頭部受到猛烈撞擊以後,意識模糊,失去反抗能力,此時我快速繞到對手身後,右手從對手頸部右側往前用前臂橈骨側卡住對手咽喉至左手肘關節處,同時我左臂屈肘,手掌按住對手後腦,然後我右臂上抬,左手用力按壓對手頭部,使其頸部被卡,呼吸不暢,徹底喪失抵抗能力。(圖9-1-5、圖9-1-6)

【要點】動作迅速,在對手意識模糊之際,兩手配合用力鎖住對手頭部,從而制服對手。本組主動進攻動作殺傷力較大,使用時要因情況而定。在對敵搏鬥,可以使用本組動作,搶先出手,把對手制服或致對手於死地。但在一般自衛防身中,不提倡使用本組動作。

圖9-1-5　　　　　　　圖9-1-6

(二)抱雙腿前拱—坐腰—控臂—摳鼻子

1. 背後抱雙腿前拱

當我在對手身後向對手實施偷襲時,我迅速逼近對手

身體，快速下潛，肩頂在對手大腿後根部，雙手從兩側向前抱住對手踝關節，隨後肩往前拱，雙手同時往後用力猛扳，運用抱雙腿前拱的摔法將對手摔倒。（圖 9-1-7～圖 9-1-9）

圖9-1-7

圖9-1-8

【要點】在對手背後實施偷襲時，靠近對手身體時不要有明顯的意圖，不要讓對手察覺；前拱時發力要乾脆，不可脫節。

圖9-1-9

2. 坐腰

上動不停，將對手摔倒後，我順勢往前騎在對手身上，重心突然下降，用臀部向下猛坐對手腰部。（圖 9-1-10、圖 9-1-11）

【要點】坐砸對手腰部力量要大，要注意坐砸的部位準確。

圖9-1-10　　　　　　　　圖9-1-11

3. 控臂

上動不停，坐砸對手腰部後，我兩手從對手身體兩側向前分別抓住對手雙手，然後用力往回拉，把對手的雙臂拉到我髖關節外側，隨後我兩膝上抬往內夾，運用腰部和兩膝的抬夾之力將對手的雙臂控制住。（圖9-1-12）

【要點】控臂這一環節是這組動作的關鍵，控臂不牢，就不能很好地控制對手，易給對手逃脫的機會；將對手雙臂拉到我髖關節外側後，必須運用兩膝上抬和內夾的力把對手雙臂控制。

圖9-1-12

4. 摳鼻子

上動不停，控制對手手臂後，我右手從對手頭上向前繞過，用四指摳住對手鼻子用力向後拉，使對手頸部後仰超過最大幅度。此動作完成後，對手不能逃脫，頸部產生劇烈疼痛，喪失抵抗能力。（圖9-1-13）

【要點】摳鼻位置準確，動作快速迅猛，並用力後拉。

本組動作是典型的
背後偷襲，控制對手，
但不容易殺傷對手性
命，應用範圍比較廣。

圖9-1-13

（三）踢襠一橫擊
肘一箍頸撞膝

1. 正面踢襠

當對手與我正面對峙時，在對手不防備或防備意識
薄弱瞬間，抬前腿向前、向上用彈腿腿法踢擊對手襠部。
（圖 9-1-14、圖 9-1-15）

【要點】如果腳上穿的鞋質地較軟，向前踢擊時腳面
一定要繃直，用腳背踢擊；如果鞋子的質地較硬，可以勾
腳尖，用腳尖擊打對手。踢擊時力量不可用盡，以防在對
手防守彈腿後，遭對手攻擊時，不利於防守。

圖9-1-14

圖9-1-15

2. 橫擊肘

上動不停，對手被我踢中襠部後，會產生劇烈疼痛，必將雙手捂襠彎腰。在對手彎腰瞬間，我順勢上步用肘橫向擊打對手頭部太陽穴。（圖 9-1-16）

圖9-1-16

【要點】出肘橫向打擊對手頭部太陽穴一定要把握時機，務必是在對手彎腰的瞬間。

3. 箍頸撞膝

上動不停，擊中對手太陽穴後，對手意識模糊，我順勢向前用雙手箍住對手頸部，用力向我身體左後方拉，同時猛提左膝向前撞擊對手面部或胸腹部。（圖 9-1-17、圖 9-1-18）

【要點】動作要快，箍頸要緊，不能讓對手有逃脫的機會，整個動作協調用力。

圖9-1-17

圖9-1-18

本組動作中，如果對手連續遭受三次擊打，必將倒地完全喪失抵抗能力，如果用力猛，連續兩次以上擊打就可致對手於死地，因此，此組動作在應用時要視情況而定。

（四）踢襠—砍頸—撞膝—沉肘砸後腦

1. 踢襠

當對手與我正面對峙時，在對手不防備或防備意識薄弱的瞬間，抬前腿向前、向上用彈腿腿法踢擊對手襠部。（圖 9-1-19、圖 9-1-20）

【要點】如果腳上穿的鞋質地較軟，向前踢擊時腳面一定要繃直，用腳背踢擊；如果鞋子的質地較硬，可以勾腳尖，用腳尖擊打對手。踢擊時力量不可用盡，以防在對手防守彈腿後，遭對手攻擊時，不利於防守。

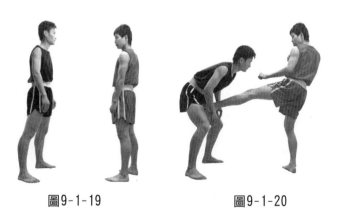

圖9-1-19　　　　　　　　圖9-1-20

2. 砍頸

上動不停，對手襠部被我踢中後，會產生劇烈疼痛，

必將捂襠彎腰，在對手彎腰
瞬間，或踢襠不中，對手身
體後撤躲閃瞬間，我迅速上
步，右掌用砍掌掌法砍擊對
手頸側。（圖 9-1-21）

【要點】用手掌砍擊對
手頸側時，要注意上步的時
機。一定是在對手彎腰瞬間
或後撤閃避瞬間。

圖9-1-21

3. 撞膝

上動不停，我砍擊對手頸側後，對手大腦瞬間缺氧，
意識模糊，我順勢上前用雙手箍住對手頸部向我身體右後
下方拉，同時右膝上提，撞擊對手胸腹部或面部。（圖
9-1-22、圖 9-1-23）

【要點】箍住對手頸部後，下拉的力量要大，拉頸與
撞膝同時進行。

圖9-1-22

圖9-1-23

4.沉肘砸後腦

上動不停，膝撞對手胸腹部或面部後，我順勢用左手按對手頸部，右臂上抬，隨即降重心用沉肘肘法砸擊對手後腦。（圖 9-1-24、圖 9-1-25）

【要點】這一動作環節要與撞膝協調配合，不能給對手反應時間。

本組動作招招指向對手要害，只要對手連續受到兩個以上動作的擊打，就可使對手喪失抵抗能力，如果連續受到四次打擊，可以致對手死亡。因此，在實戰運用中要視情況而定，要慎用。

圖9-1-24　　　　　　　　　圖9-1-25

（五）劍指插眼—踢襠—挑肘

1.劍指插眼

當對手與我正面對峙時，在對手不防備或防備意識薄弱的瞬間，我迅速上步，右手以劍指手法直擊對手眼睛。（圖 9-1-26、圖 9-1-27）

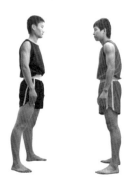

圖9-1-26　　　　　　　　　圖9-1-27

【要點】在右手攻擊時，我下盤容易空虛，易被對手攻擊，因此，攻擊時一定要用左手保護襠部。

2.踢襠

上動不停，對手眼部被我擊中疼痛難忍，必將用雙手捂眼，下盤空虛，我順勢抬前腿，用彈腿腿法彈擊對手襠部。（圖 9-1-28）

圖9—28

【要點】彈擊對手襠部時，要注意出擊的時機。

3.挑肘

上動不停，對手襠部被我擊中會產生劇烈疼痛，對手必會彎腰護襠，在其彎腰瞬間，我用左手摟住對手頸部，右肘瞄準其面部或下頜用挑肘擊打。（圖 4-1-29、圖 4-1-30）

圖9-1-29　　　　　　　　圖9-1-30

【要點】左手快速摟住對手，以免逃脫；挑肘時發力要狠，擊打的部位要準確。

本組動作比較兇猛，但不會使對手立即死亡，不過只要受到一次以上攻擊，對手就可能失去反抗能力。在本組動作完成後，可運用其他擒拿方法進一步控制對手；如在自衛防身中應用，可視情況而定。

徒手擒拿格鬥術在防守反擊中的應用舉例

（一）抱雙腿前拱—跪膝—直拳擊面

（對手用拳法攻擊我頭部時）

1. 抱雙腿前拱

當與對手正面對峙，對手突然用拳擊打我頭部時，我迅速降重心下潛，運用抱雙腿前拱摔法把對手摔倒。（圖9-1-31～圖9-1-34）

【要點】下潛時注意肩頂的位置和雙手抱的位置，一定是雙手從對手身體兩側向前抱住對手兩腳腳踝，肩頂住

圖9-1-31　　　　　　　　圖9-1-32

圖9-1-33　　　　　　　　圖9-1-34

對手髖關節前側；前拱時發力
乾脆，不可脫節。

2.跪膝

上動不停，將對手拱倒
後，我順勢用右膝跪砸對手襠
部。（圖 9-1-35）

【要點】跪砸對手襠部時
要注意時機，要在對手倒地的

圖9－35

瞬間還沒有來得及保護襠部時。

3. 直拳擊面

上動不停，在用膝跪砸對手襠部後，對手襠部劇烈疼痛，必將屈身，我反其勢用右拳或左拳猛力擊打對手面部。（圖9-1-36、圖9-1-37）

【要點】直拳擊面要注意擊打的時機，一定是在對手屈身瞬間時擊打。

圖9-1-36　　　　　　　　圖9-1-37

本組動作攻擊部位均為對手要害部位，方法使用十分兇猛，對手遭到連續擊打後，必將喪失反抗能力，重則死亡。因此，在對敵或危及自身生命安全實施正當防衛時可使用，但在一般自衛防身中，不提倡使用，以免因方法使用不當造成嚴重後果負法律責任。

（二）提膝防守—直拳擊面—撞膝
（對手正面踢擊我襠部時）

1. 提膝防守

當與對手正面對峙，對手突然用彈腿踢擊我襠部時，

我前腿迅速向上、向內提膝，阻擋對手進攻。（圖 9-1-38、圖 9-1-39）

【要點】注意提膝的時機和方向，在對手出動作瞬間時提膝，提膝的方向為向上、向內。

圖9-1-38　　　　　　　　圖9-1-39

2.直拳擊面

上動不停，提膝阻擋住對手進攻後，我順勢向前，用直拳猛力擊打對手面部。（圖 9-1-40）

【要點】在阻擋住對手進攻後，要立即發動攻擊，不能給對手反應時間。

圖9-1-40

3. 撞膝

上動不停，擊打對手面部後，對手瞬間意識模糊，我雙手從對手兩側抄抱其頸部，用力向我身體左側拉壓，同時左腿提膝，猛力撞擊對手面部或胸腹部。（圖 9-1-41、

圖9-1-41　　　　　　　　圖9-1-42

圖 9-1-42）

【要點】抱住對手頸部後，下拉的力量要大，拉頸與撞膝同時進行。

本組動作是防對手正面踢襠的反擊組合，運用時動作招招指向對手要害，具有一定的殺傷力，若擊打力量大時，有可能造成對手死亡。因此，使用本組動作時，要視情況而定。

（三）枕骨撞面—震腳—轉身擊肘
　　（對手從背面抱住我腰部時）

1. 枕骨撞面

當對手突然從背後抱住我，準備使用捧法，而且對手力量較大，使我無法掙脫，此時我迅速用後腦枕骨猛然撞擊對手面部或鼻梁。（圖 9-1-43、圖 9-1-44）

【要點】用枕骨向後撞擊對手面部時，動作要突然。

圖9-1-43　　　　　　　　圖9-1-44

2.震腳

當對手面部受到重創時，必然將注意力分散，此時我馬上用腳後跟猛踩對手腳背或腳趾，致使對手疼痛難忍。（圖 9-1-45、圖 9-1-46）

【要點】震腳突然，猛力下踩，動作連貫。

圖9-1-45　　　　　　　　圖9-1-46

3.轉身擊肘

當對手腳部受到攻擊後，抱腰的手必然有所放鬆，這時我馬上扭頭轉身用肘部擊打對手面部。（圖 9-1-47、圖 9-1-48）

【要點】枕骨撞面的部位要準確，撞中以後馬上接震腳，下震力量要大，轉身擊肘的攻擊部位要準確。

圖9-1-47　　　　　　　圖9-1-48

本組動作比較兇猛，但不會使對手立即死亡，只要受到一次以上攻擊，對手就可能失去反抗能力。在本組動作完成後，可運用其他擒拿方法進一步控制對手；如在自衛防身中應用，可視情況而定。

（四）劍指插眼—撞襠—橫擊肘
（對手從正面卡住我脖子時）

1.劍指插眼

當對手正面雙手卡住我脖子時，在對手不防備或防備意識薄弱的瞬間，我右手從對手兩臂間向前以劍指手法直

擊對手眼睛。（圖 9-1-49、圖 9-1-50）

【要點】出其不意，動作迅速，目標準確。

圖9-1-49

圖9-1-50

2.撞襠

上動不停，對手眼部被我擊中，疼痛難忍，必將用雙手捂眼，下盤空虛，我順勢抬前腿正提膝，用正撞膝撞擊對手襠部。（圖 9-1-51）

【要點】撞擊對手襠部時，要注意出擊的時機，一定要在對手雙手捂眼、下盤空虛的瞬間。

圖9-1-51

3.橫擊肘

上動不停，對手襠部被我擊中，會產生劇烈疼痛，對手必會彎腰護襠，在對手彎腰瞬間，我右肘用橫擊肘擊打

圖9-1-53

圖9-1-52

對手太陽穴。（圖 9-1-52、圖 9-1-53）

【要點】擊肘時發力要狠，擊打的部位要準確。

本組動作比較兇猛，但不會使對手立即死亡，只要受到一次以上攻擊，對手就可能失去反抗能力。在本組動作完成後，可運用其他擒拿方法進一步控制對手；如在自衛防身中應用，可視情況而定。

（五）絆別摔－擊面跪膝

（對手正面推擊我胸部或抓扯我胸前衣服時）

1. 絆別摔

對手正面推擊我胸部或抓扯我胸前衣服時，我迅速上步別住對手攻擊手同側腿，同時左手壓扣對手右手，右手猛推對手右肩部，隨後使用絆別摔摔法將其摔倒。（圖9-1-54 ～圖 9-1-57）

【要點】兩手壓扣、下推、別腳協調一致，上步別腳時腳的卡位要準。

圖9-1-54

圖9-1-55

圖9-1-56

圖9-1-57

2.擊面跪膝

上動不停,將對手絆倒後,順勢降重心,身體前俯用拳法擊打對手鼻梁。擊打對手鼻梁後,我順勢用右膝跪砸對手肋部,力量大時可使對手肋骨斷裂,內折肋骨可使肝臟破裂,從而使對手失去反抗能力。(圖 9-1-58、圖9-1-59)

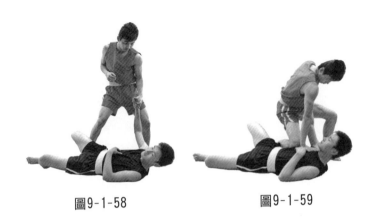

圖9-1-58　　　　　　　　圖9-1-59

【要點】擊打狠準，跪砸部位準確，力量要大。

本組動作攻擊部位為對手要害，殺傷力很強，對手肋骨內折時，左側會刺傷脾臟，右側會使對手肝臟破裂，由於肝臟脾臟的大出血，對手會在短時間死亡。因此，使用時要視情況而定，以免誤用本組動作而負相應的法律責任。

二、擒拿術實戰運用——對擒拿

對擒拿套路是一套按照人體生理解剖原理反側對手關節，互相進行擒拿與解脫的假設性的實戰固定動作的練習。它吸收了擒拿術中的精華，繼承了套路運動形式，變成了一種體育與藝術的結合體，也可以說，對擒拿套路是一種藝術化的擒拿法。

對擒拿套路是我國武術運動中的一個優秀傳統項目，在演練時應該充分表現出擒拿術特技。其擒拿與解脫的結

構合理，方法逼真，動靜結合，既有健身、防身作用，又對訓練提高公安幹警、邊防戰士和武警偵察兵的捕俘技術有很大地幫助。

本書整理的對擒拿套路，係前全國武術協會主席、著名老武術家鄭懷賢教授遺技之一。鄭懷賢教授不僅是譽滿國內外的骨科專家，而且是武術精湛、身懷絕技的武林前輩。這套對擒拿套路曾經是鄭懷賢老師和王樹田老師在成都體育學院傳授的主要對練套路之一，現在已流傳至全國各地，深受廣大習武者的喜愛。周直模老師師從鄭老師、王老師，有幸習得此藝。此套路先前由鄒德發老師整理過，在對擒拿套路的傳承中，鄒老師功不可沒。由於當時攝像技術尚不發達，大都採用手工繪圖的方法對動作進行圖片描述，整理出來的資料流傳受到限制。

主編於近期整理編寫的徒手擒拿格鬥術教材，先把鄭老師、王老師的遺技錄入，再結合鄒老師整理的資料，用現代科學的攝影技術重新拍攝，文字敘述方面在保證技法敘述合理的情況下採用鄒德發老師的敘述。

主編在教學中把對擒拿套路傳授給研究生雷耀方、李富兵等，他們都能很好地掌握了對擒拿套路，在本教材編寫時，由這兩位學生演練並拍照，以期對擒拿套路能夠為更多的武術愛好者學習、掌握和欣賞。

（一）對擒拿套路動作名稱
預備勢
1. 甲弓步擊掌

2. 甲乙右弓步對拳

3. 甲乙上步靠臂

4. 甲外拿抓胸

5. 乙擒腕斷臂

6. 甲拉臂壓肘

7. 乙繞步小纏，抱腕壓肘

8. 甲頂肘解脫

9. 乙擒腕壓肘

10. 甲捲腕托肘

11. 乙橫步外拿

12. 甲撐臂捲腕

13. 乙擊肘推頜

14. 甲含胸折腕

15. 乙頂腰扳腮

16. 甲扣手外拿

17. 乙轉身背摔

18. 甲點穴按腿

19. 乙撐臂捲腕

20. 甲擊肘鎖喉

21. 乙含胸斷指

22. 甲頂腰扣鼻

23. 乙退步外拿

24. 甲轉身背摔

25. 乙頂臀抓髮

26. 甲轉身旋腕

27. 乙頂肘衝拳

28. 甲捲臂托肘

29. 乙抱腰壓肘

30. 甲拉臂斷肘

31. 乙拉臂抱摔

32. 甲掏腿坐膝

33. 乙拖腿前蹬

34. 甲乙搶背打挺

35. 甲乙弓步對拳

36. 甲乙並步平行站立

（二）對擒拿套路動作圖解

預備勢：演練者平行站立

甲（紅色練功服者）在右，乙（黑色練功服者）在左，平行成立正姿勢站立，兩人相距一步，眼平視前方。（圖 9-2-1）

【要點】挺胸收腹，立腰落臀，並腿挺膝，兩臂自然下垂。

圖9-2-1

1. 甲弓步擊掌

甲右腳向右邁一大步成右弓步，左手掌用力拍向乙胸腹部。（圖 9-2-2）

【要點】上步時動作迅速，拍打有力。

2. 甲乙右弓步對拳

甲乙雙方同時右腳向右邁步，迅速蹬地發力，向右後方轉身做騰空擺蓮腿，落地成右弓步。同時，左拳沿右臂內側向前衝出成平拳，拳心向下，

圖9-2-2

高與肩平，右臂向右後屈肘頂擺肘與肩平，右拳停於右肩前，拳心向下。甲乙左拳相對，互相注視。（圖9-2-3）

【要點】甲乙雙方動作協調，整齊一致。

3. 甲乙上步靠臂

甲乙雙方右腳同時上前一大步成右弓步。同時，兩人右拳經腹前由內向外成右前臂相靠，拳面相對；左拳收至腰間。（圖9-2-4）

圖9-2-3　　　　　　　圖9-2-4

【要點】甲乙雙方動作同步完成。

4. 甲外拿抓胸

甲用左拳經腹前由內向外將乙右手格擋開，然後甲右手由拳變掌用力抓扯乙胸腹部，屈肘回拉，猛力晃動乙身體，左手收於腰間，眼看乙面部。同時乙右臂內旋，兩臂向後擺動。（圖9-2-5、圖9-2-6）

【要點】格擋快速有力，抓緊對方衣服。

圖9-2-5　　　　　　　　　圖9-2-6

5. 乙擒腕斷臂

乙右拳變掌用力按壓於甲右手背上，並抓握其掌小指一側，重心前傾；左臂屈肘壓於甲右臂肘關節處，同時右腳向右斜前方上步成右弓步，身體右轉。甲在乙方上步時左腳向左前方上一步成俯身弓步，左臂向左後側反臂伸出，掌心向上，目視乙面部。（圖9-2-7、圖9-2-8）

【要點】扣腕先挺胸、再含胸，左手肘部下壓迫使對手肘關節被動強直。

圖9-2-7　　　　　　　　圖9-2-8

6. 甲拉臂壓肘

甲兩腳不動，左手掌虎口向內用力抓握乙左手腕，向自己左下方拉壓，同時身體向左下方擰轉，右臂伸直內旋，目視乙頭部。乙成俯身弓步，右手向斜後方反臂伸出，掌心斜向上，眼看甲面部。（圖 9-2-9、圖 9-2-10）

【要點】甲拉臂時，下拉、擰轉、右臂內旋同時完成。

圖9-2-9　　　　　　　　圖9-2-10

7. 乙繞步小纏，抱腕壓肘

乙左手反抓甲左手腕，身體上抬，左腳上步落在甲

前方兩腳之間，身體左轉，上右步落在甲右後方，使甲左腳在我兩腳之間，同時右手上抬甲肘關節順勢下壓，用右肘關節壓緊甲肩關節，左腕外翻拉抱甲左手於自己左胸前。甲上右腳成右弓步，身體前俯。甲乙互相注視。（圖9-2-11～圖9-2-13）

【要點】乙在繞步小纏時要抓緊甲的手腕，抱腕壓肘時左掌要旋腕下切。

圖9-2-11　　　　圖9-2-12　　　　圖9-2-13

8.甲頂肘解脫

甲左臂屈肘外頂，身體上抬左轉，左肘用力頂壓乙方胸口，重心前傾。（圖9-2-14）

【要點】頂壓部位準確，動作快速有力。

圖9-2-14

9. 乙擒腕壓肘

乙左手擒拿甲左手腕，用力拉抱於胸前，右臂屈肘下壓，上身前壓。（圖9-2-15）

【要點】乙方擒住甲方手腕時一定要抓緊，並用力拉抱貼緊於胸前，壓肘動作迅速到位。

圖9-2-15

10. 甲捲腕托肘

甲先抬高重心，身體左轉，左手外翻扣抓乙左手背使其手腕內捲，同時右手掌托住乙左臂肘關節，用力上抬，甲左手捲腕和右手托肘同時用力，迫使乙左膝跪地。（圖9-2-16、圖9-2-17）

【要點】甲必須先抬高重心，再向左轉身，同時捲腕並托肘，動作連貫。

圖9-2-16

圖9-2-17

11. 乙橫步外拿

乙右掌心向上虎口向下，抓握甲左腕外旋擰轉，左手抓握甲左腕，同時起身，右腳向右側跨步轉體成右弓步，兩手同時發力向斜上方外旋擰轉甲手腕；在乙向右側跨步的同時甲左腳向左跨出成左弓步，身體向左側倒，右臂向右側斜伸，掌心向後。甲乙互相注視。（圖 9-2-18、圖 9-2-19）

【要點】乙外旋擰臂力量要大並向側下方旋壓，甲乙雙方同時跨步。

圖9-2-18 圖9-2-19

12. 甲擰臂捲腕

甲右掌從右側按壓在乙右掌背上，緊扣握其掌外側，兩掌用力捲乙手腕，同時身體右轉成右弓步，牽動乙身體左轉上右腳成右弓步，甲左手抓緊乙右手腕，右手向內捲乙手腕，迫使乙反臂伸直向後上方。乙左臂伸直後擺，掌心斜向上，身體前俯，向左後方轉頭看甲面部。（圖9-2-20、圖 9-2-21）

圖9-2-20　　　　　　　　圖9-2-21

【要點】甲身體右轉成右弓步，牽動乙身體左轉上右腳成右弓步，兩人動作協調一致，同時完成。

13. 乙擊肘推頜

乙左腳後撤一步落在甲兩腳之間，左臂屈肘，迅速向左後方轉身並用力向後揮肘擊打甲頭部，甲下潛躲避，乙左手成立掌並以掌根推甲下頜至頭後仰。（圖 9-2-22 ～圖 9-2-24）

【要點】轉體、揮肘同時完成，動作連貫；推頜有力但不能用挫勁。

圖9-2-22　　　　　　　　圖9-2-23

14. 甲含胸折腕

甲右掌虎口向外，拇指向下，從下向上扣抓乙左手，左手鬆開抓握並用左手掌按壓於自己右手掌背，雙手用力將乙手掌按至胸前；同時下蹲成馬步，含胸折壓乙腕部，使其下跪右腿。（圖 9-2-25～圖 9-2-27）

圖9-2-24

圖9-2-25

圖9-2-26

圖9-2-27

【要點】甲將乙左手掌按至胸前時雙手要同時用力，含胸折腕時要帶擰旋內壓之力。

15. 乙頂腰扳腮

乙起身站立，身體左轉向甲右後上右腳，以右胯頂住甲左腰；同時左臂屈肘向後抱，右手扳扣甲下頜向後側收抱，迫使甲挺胸向右側偏頭。（圖 9-2-28、圖 9-2-29）

【要點】頂腰、收抱、扳腮協調一致，同時完成。

圖9-2-28　　　　　　　圖9-2-29

16. 甲扣手外拿

甲兩手依次從下向上按抓乙右手背，將其固定在自己腮旁，上左腳，同時右後轉身成兩人面對面，雙手抓握乙右手腕迫使乙手臂外旋，隨後用力向後拖拉三次；甲乙重心下降成馬步，兩人互相注視。（圖 9-2-30 ～圖 9-2-32）

圖9-2-30

圖9-2-31　　　　　　　圖9-2-32

【要點】甲轉體迅速，向後拖拉有力。

17. 乙轉身背摔

乙左掌從後向前擺動，掌心向上，抓握甲右腕向上抬；同時上右腳，左後轉身、進肩、拉臂、拱身將甲背起向上背摔懸空兩次。甲左臂後擺掌心向下。（圖9-2-33～圖9-2-36）

【要點】乙上步貼身，重心下降成半蹲姿勢，臀部要頂住甲髖部；拱身、拉臂要及時、協調。

圖9-2-33　　　　　　　圖9-2-34

圖9-2-35　　　　　　　圖9-2-36

18. 甲點穴按腿

在乙第二次背摔甲之後，帶動甲向右轉身，甲兩腳順勢落地，左手迅速猛點甲左腰命門穴，迫使乙腰部放鬆上抬，左掌沿乙身體左側向下滑按壓其左腿膕窩，迫使乙左腿屈膝下跪。（圖 9-2-37、圖 9-2-38）

【要點】點穴時動作誇張，意到勁不到。

圖9-2-37　　　　　　　圖9-2-38

19. 乙擰臂捲腕

乙兩手緊握甲右手腕部向上拉直其右臂，起身，左腳撤步落在甲身體右後方，同時兩手向後上方拖拉甲右手臂，右掌換握抓擰甲右手腕向上、向前捲腕，迫使甲成右弓步側身反伸右臂，左臂向左側斜伸，掌心向上。（圖9-2-39～圖9-2-41）

圖9-2-39

圖9-2-40

圖9-2-41

【要點】乙拉臂、起身、撤步快速連貫，右掌換握迅速。

20. 甲擊肘鎖喉

甲身體左後轉，左腳撤步落在乙兩腳之間，左臂屈肘，左掌成拳，向左後方揮肘擊打乙頭部，拳心向下。乙迅速降低重心，下潛躲避。甲左拳變掌，掌心向前，虎口向上，四指併攏，拇指分開，向前鎖住乙脖子，並往前推，迫使乙頭部後仰。（圖9-2-42～圖9-2-44）

圖9-2-42　　　　　圖9-2-43　　　　　圖9-2-44

【要點】甲轉體屈肘同時完成，揮肘、鎖喉動作連貫。

21. 乙含胸斷指

乙右掌鬆開甲右手，收至右面頰前，掌心向前，虎口向左，扣抓甲左手拇指，乙左手掌隨即貼放其右手背上，兩手合抱甲左手拇指，同時降重心，上體前傾，向前下方用力扳撤甲左手拇指，迫使甲因指關節劇烈疼痛，右膝跪地。甲乙互相注視。（圖 9-2-45、圖 9-2-46）

圖9-2-45　　　　　　　　　圖9-2-46

【要點】乙在扳撤甲左手拇指時，雙手合抱同時用力；斷指、降重心、上體前傾協調一致，同時完成。

22. 甲頂腰扣鼻

甲左臂外翻，重心前移，身體左轉，上右腳繞步到乙左背後，以右胯頂乙左腰部；同時左臂向後抱，右掌由後向前按壓在乙前額上，並以食指、中指扣入乙鼻孔中向後扳，迫使乙上體後倒，頭部後仰。（圖9-2-47、圖9-2-48）

【要點】甲繞步到乙背後要快，抱、扳結合，頂腰與扣鼻、後扳要一致。

23. 乙退步外拿

乙雙手鬆開，緊按甲右手於頭頂上，左腳上前一大步，身體向右後轉成兩人面對面，雙手用力握住甲右手向後拖拉三次。甲乙重心下降，兩人互相注視。（圖9-2-49～圖9-2-51）

【要點】甲轉身時兩手緊按於頭頂上。

圖9-2-47　　　　圖9-2-48　　　　圖9-2-49

圖9-2-50　　　　　　　圖9-2-51

24. 甲轉身背摔

甲左掌從後向前擺動，掌心向上抓握甲右腕向上抬舉；同時上右腳、左後轉身、進肩、拉臂，拱身將乙背起前摔一次。乙左手向左側下斜伸。（圖9-2-52～圖9-2-55）

【要點】甲背摔時上步貼身，重心下降成半蹲姿勢，臀部要頂住甲髖部；拱身、拉臂及時協調。

圖9-2-52　　　　　　　圖9-2-53

圖9-2-54　　　　　　　　圖9-2-55

25. 乙頂臀抓髮

在甲準備第二次背摔乙之前，乙左手掌先用力向前推按甲左腰部，迫使甲頭後仰，然後左手迅速從下向上抓握甲頭髮向後拉；同時右膝前頂甲臀部使其身體後仰。甲右臂屈肘於右側，掌心向上。（圖 9-2-56、圖 9-2-57）

【要點】頂臀、抓髮同時完成（如果甲無頭髮，則用抹眉、挖目法）。

圖9-2-56　　　　　　　　圖9-2-57

26. 甲轉身旋腕

甲左手緊抓乙右手腕，右手緊抓乙右臂肘關節，身體左轉，左腳向後撤一大步成右弓步；同時左手擰旋乙右手腕，右手用力向下按乙肘關節。（圖9-2-58、圖9-2-59）

【要點】甲抓握乙手腕和肘關節後，轉身快速，撤步及時；擰旋乙右手腕時雙手要交錯用力。

圖9-2-58　　　　　　　　圖9-2-59

27. 乙頂肘衝拳

乙左腳後撤一步落在甲兩腳之間，身體左轉同時向後揮肘擊打甲頭部，甲下潛躲避；乙左手迴旋握拳，左臂屈肘緊貼左腰，沿甲胸部由下向上向甲下頜衝出，迫使甲身體後仰。（圖9-2-60～圖9-2-62）

【要點】撤步、屈臂、轉身、衝拳四個動作連貫迅速。

圖9-2-60

圖9-2-61　　　　　　　　圖9-2-62

28. 甲捲臂托肘

甲右手外翻扣抓乙左手背使其手腕內捲，同時左手掌托住乙左肘關節，用力上抬，甲兩手捲、抬同時用力，迫使乙左膝跪地。（圖 9-2-63 ～ 圖 9-2-65）

【要點】捲腕托肘及時協調。

29. 乙抱腰壓肘

乙右手從下向前緊抱甲腰部，向右跨步轉體起身，身

圖9-2-63　　　　圖9-2-64　　　　圖9-2-65

體前傾，同時左肘前頂甲胸部；甲身體後仰，以左手扶推乙左肘部。（圖9-2-66、圖9-2-67）

【要點】乙抱腰要往裡用力，轉體跨步快速靈活，頂肘時身體前傾，肘關節用力下壓。

30. 甲拉臂斷肘

甲身體左轉成左弓步，左手抓握乙左手臂，右手由下往上推乙左肘關節，轉身的同時右手往下用力將乙左手臂按直成反臂；迫使乙向右轉身成右弓步，身體前俯，右臂向右側擺動，掌心向後。（圖9-2-68、圖9-2-69）

圖9-2-66

圖9-2-67

圖9-2-68

圖9-2-69

【要點】甲左手要換抓乙左手腕，右手推乙左肘關節；轉身拉臂要同時，下按斷肘要協調。

31.乙拉臂抱摔

乙左掌從左側隨左臂屈肘反抓甲左腕，身體上抬，同時右手迅速抓握甲左腕，退左步，身體左轉，上右步落在甲身體後方，雙手同時用力將甲向左後方拉動，使其落於乙身後；同時乙跟隨甲向後轉身，迅速上步貼身，攔腰向上抱起，使甲身體懸空兩次。（圖9-2-70～圖9-2-75）

【要點】上步、轉體連貫，拉臂、抱腰快速有力。

圖9-2-70　　　圖9-2-71　　　圖9-2-72

圖9-2-73　　　圖9-2-74　　　圖9-2-75

32. 甲掏腿坐膝

乙抱起甲使其身體懸空兩次後，甲重心下降，兩腳順勢著地分別落在乙右腳兩邊，隨即下蹲，兩手扳著乙右腳向前上方提拉；同時臀部下坐，迫使乙後倒兩手扶地。（圖 9-2-76、圖 9-2-77）

【要點】扳腿、下坐同時進行。

33. 乙拖腿前蹬

甲身體前傾，雙手抱著乙右腿向前方拖三步。乙臀部坐地，用左腳往前上方蹬踢甲臀部。甲兩手鬆開，乙左腿順勢落地。（圖 9-2-78、圖 9-2-79）

圖9-2-76　　　　　圖9-2-77

圖9-2-78　　　　　圖9-2-79

【要點】甲連續上步，直線向前拖動乙。

34. 甲前滾翻、乙搶背打挺

甲右腳蹬地向前團身斜身滾動成半蹲，同時乙上體後倒，收腹舉腿做鯉魚打挺。（圖9-2-80）

【要點】配合同步，動作協調。

35. 甲乙弓步對拳

甲打挺起立後向右轉身，上右腳成右弓步；乙起身右轉，上右腳成右弓步。同時，甲乙雙方左拳沿右臂內側向前沖出成平拳，拳心向下，高與肩平；右臂向右後屈肘頂擺，肘與肩平，右拳停於右肩前，拳心向下。甲乙左拳相對，互相注視。（圖9-2-81）

【要點】甲乙起身、轉體快速一致，側身相對。

圖9-2-80   圖9-2-81

36. 甲乙並步平行站立

甲乙兩拳變掌，兩臂從上向下落於體側。同時，甲收左腳成立正姿勢，乙身體左轉收右腳成立正姿勢與甲平行

站立，相距一步。（圖 9-2-82）

【要點】同預備勢。

圖9-2-82

第十章　徒手擒拿格鬥術 相關知識

徒手擒拿格鬥術是在不使用任何器械的前提下，以身體各部位作為武器，運用踢、打、摔、拿等方法制服對手的綜合性實用技術。這就需要大家對人體的要害及薄弱部位有清晰的瞭解，在面對敵人的時候能在瞬息而過的機會中制服對手。

第一節　人體要害部位

徒手擒拿格鬥術是在不使用任何器械的前提下，以身體各部位作為武器，運用踢、打、摔、拿等方法制服對手的綜合性實用技術。它是中國武術技擊技術的精華再現，同時又融和國外各種搏擊術技法於一體，使之具有招法凌厲、攻防兼備等特點。

在進攻時不拖泥帶水，出手就是殺招，招招指向對手的薄弱和要害部位，使對手膽怯喪失抵抗能力；防守時防中有攻，使對手打不中自身要害和薄弱環節，儘量減少給對手攻擊我的機會，同時，反擊時還是要招招指向對手要害和薄弱部位。

人體的要害和薄弱部位是指正常人體由於受到外力打

擊或壓迫時，出現傷殘、昏迷、休克、死亡以及某些肌體發生功能性障礙的部位。因此，人體要害部位又稱之為人體生命系統。這些要害部位是由人的生理和解剖結構所決定的，人體生命系統的臟器和神經全部都在人體的主軀幹內部（包括頭、頸、胸、腹四個主要部分），它們在體內構成具有一定功能的一個個相對獨立而又相互影響和制約的子系統。如：神經系統、內分泌系統、血液循環系統、呼吸系統、消化系統等，這些相互影響和制約的子系統保持著人體各種複雜的生命活動。

由於人體生理結構的特殊性，這些子系統在一些特定部位內臟距體表很近，外面沒有厚實的肌群或充分的骨骼保護，因而在擒拿格鬥中對人體生命系統的各主要環節的擊打、招拿，往往會對人體造成重大傷害，力量達到一定程度時，會使某些部位產生暫時或永久性功能障礙，甚至會直接損傷子系統的主要環節而危及生命。又如：人體的肝區、脾區，當受到猛力擊打時，易造成肝臟、脾臟的破裂而危及生命；頭部的太陽穴等在遭受重力擊打時，易造成大腦的損傷而危及生命。

學練者對人體的運動規律、要害和薄弱部位知之不詳，就不可能使技術的運用達到遊刃有餘的水準，對技法知其然，不知其所以然，永遠學不到徒手擒拿格鬥術的精華。熟悉和掌握人體要害和薄弱部位的生理結構有利於制服與消滅敵人，保護自己；同時瞭解這些要害薄和弱部位的生理結構和受傷機制，在平時的練習中把握好尺度，能最大限度地避免損傷事故的發生。因此，學習徒手擒拿格

鬥術必須深入學習人體要害和薄弱部位的構造、以及受打擊後出現的反應。

下面我們逐個分析人體要害和薄弱部位的結構、機理和受打擊、壓迫的生理反應。

一、頭部的要害部位

頭部是人體的中樞，由顱與面兩部分所組成。顱內包含有人體的中樞指揮系統——大腦。面部有眼、耳、鼻、嘴等特殊的感覺器官及呼吸、消化系統的門戶。

頭部要害和薄弱部位機理及受傷後的生理反應

1. 太陽穴：

位於眉尖和外眥之間向外移一指左右的凹陷中。此處是顱骨骨質薄弱的部位，深部有腦膜中動脈前支經過。太陽穴處頭顱骨平均厚度只有 1～2 毫米，醫學上稱此處為翼點。

顱骨為扁骨，內外層為密質，中間為鬆質，外層稱為外板，較厚耐受張力大，弧度小，內層稱為內板，較薄而脆弱，有「玻璃板」之稱。

擊打此處，據力量大小，輕則震傷大腦，使人視線模糊、眩暈，重則內板發生骨折，骨折碎片可刺傷顱內的血管、腦膜甚至腦實質；腦表面的腦膜中動脈經過該處，骨折易引起該動脈血管破裂，導致硬膜下血腫、腦挫裂傷，繼而引起腦疝而死亡。因此，不可輕易擊打此處，如因特殊情況擊打此處後對手昏倒，應立即送醫院救治。

2. 枕骨下緣：

緊臨顱底的枕骨大孔，是腦和脊髓相連的通道。大孔的兩側是枕骨，與脊柱的寰椎關節相連，在腦後與頸椎相連處可摸到一凸起，凸起的下緣凹部就是枕骨下緣，中醫稱風府穴。

切擊風府穴，可直接引起寰椎關節與枕骨大孔相錯，輕者造成腦、脊神經損傷，使人立即昏厥，重者直接錯斷腦、脊神經的通道，使人立即死亡。所以千萬要注意，不到萬不得已，不可擊打此處。

3. 百會穴：

在頭頂正中，位於兩耳尖直上與頭頂正中線交叉之點。此處為顱骨連接的冠狀縫與矢狀縫的交點。擊打此處，輕者造成腦震盪，引起眩暈使人喪失抵抗能力，重者造成腦損傷、顱內出血，從而導致死亡。因此，不可以重手法輕易擊打此處。

4. 頂枕點（後腦）：

又稱人字點，位於腦後枕外隆凸上方 6 公分處，是顱骨連結的矢縫狀與人字縫的相交點，呈三角形，也是頭部的薄弱和要害部位。

用拳、腿、肘、膝擊打此處，或使人後倒此處撞擊地面，輕者造成腦震盪而引起眩暈，重者造成顱內出血、腦損傷而死亡。所以，不可輕易擊打此處。

5. 眉弓：

位於額鱗的外面，兩側額結節下方，呈一弓狀隆起，此處皮膚表面長有眉毛。眉弓眶上緣有一眶上孔，孔內有

眶上血管和神經穿出。

擊打此處可引起眶上血管及神經損傷，同時也可以引起震盪損傷眼部，造成眼球充血，並引起劇烈疼痛。因眉弓保護著凹陷的雙眼，所以擊打此處雖能損傷雙眼引起疼痛卻不致瞎致殘。

眼球受傷及眶上神經受到刺激會引起疼痛和出血，觸及視神經會造成視線模糊，會使人失去判斷能力與支配自己的攻守能力。

6. 鼻梁骨：

在兩眉之間，相當於額骨間隆起部，該處為鼻骨。鼻骨是成對長方形骨板，構成鼻腔上壁的一部分，它上厚下薄，中有小靜脈通過鼻骨孔，並有篩前神經分支經過，同時有來自眼動脈的鼻背動脈、額內側動脈、內眥動脈及篩前動脈。因此，擊打此處極易導致鼻骨骨折，引起大量出血，造成呼吸困難。

同時因鼻骨與淚骨相鄰，淚骨薄而脆，擊打鼻骨往往會影響到淚骨，造成鼻部酸疼難忍，淚流不止，從而使對手的戰鬥力削弱或喪失。

7. 腮部：

其骨骼構造比較薄，暴力擊打後極易引起骨折，傷及血管神經，使對手喪失戰鬥意志。同時因腮部的下頜關節是聯合關節，關節窩寬而淺，韌帶鬆弛，關節靈活，在受到一定向下的力的擊打，會使下頜骨過度下降，形成脫位，造成劇烈疼痛，使對手閉不上嘴，無法叫喊，從而削弱對方的戰鬥力。

8. 耳門：

其前後處有大量的重要血管、神經通過。擊打耳門時
會形成衝擊氣流和震盪衝力，由外耳刺激、震盪內耳前庭
器和蝸器，輕者引起耳鳴、眩暈，重者氣流擊穿鼓膜導致
耳聾，並會震盪、刺激腦神經，造成休克，使對手喪失抵
抗能力。

二、頸部的要害部位

頸部位於頭、胸和上肢之間。頸前方中線有呼吸和消
化道的頸段；兩側有縱行排列的大血管、神經和淋巴結；
頸根部有大血管、神經以及胸膜頂及肺尖等。頸部是人體
主要的呼吸通道，也是人體供給大腦血液（養料、氧氣）
的唯一通道。

頸椎是頭與身體相連接的部位，它由 7 塊頸椎骨組
成，椎骨之間由椎間小關節面、頸椎間盤和一系列的韌帶
相互鏈接。每個頸椎骨都有椎孔，它們相互串聯成椎管，
管內有脊髓經過，是脊髓與大腦連結的橋樑。

頸椎直接支撐著比它重好幾倍的頭顱，無其他骨架
支撐，也無肥厚的肌肉保護；左右兩側有頸動脈經過，內
是神經的重要通道。能前俯後仰、左右側彎、正反旋轉，
但各方面的活動均不能超過一定的限度。如果頸椎因為外
力打擊而受到猛挫、狠撞或左右扳轉，會造成頸椎脫位、
骨折、血流不暢，致使機體遭受創傷，神經及大腦技能失
靈，使部分機體癱瘓和僵化。頸部肌肉及皮膚很薄，遭到

打擊容易致殘，嚴重的會使人死亡。

頸部要害部位機理及受傷後的生理反應

1. 喉結、甲狀 骨部：

咽喉是構造複雜的管狀器官，不僅是空氣出入的管道，也是發音器官，還有一部分感受味覺和吞咽的功能。甲狀軟骨是最大的喉軟骨，它與環狀軟骨、會咽軟骨等連結成喉結，其周圍有豐富的血管和神經，其外下緣周圍又有甲狀腺。

切擊、抓拿此處可造成劇烈疼痛，並同時引起吞咽、語言及呼吸障礙，從而減弱對手的抵抗能力，嚴重時可造成暫時性窒息。一般在對手仰頭時，快速切擊此處。

2. 舌骨部：

舌骨後方正對第三頸椎，有迷走神經的喉上神經和喉返神經，喉上神經於舌骨兩側大骨處分為內支和外支。內支是感覺神經，外支是運動神經。

如沿左右下頜骨猛力插擊此處，必然會造成劇烈疼痛和呼吸障礙，從而使對手喪失反抗能力。

3. 頸側動脈：

位於頸部兩側，是心臟向大腦供應血液和營養的主要通道。擊打此處，輕則短時間阻斷大腦血液供應，產生休克，重則挫斷頸椎，導致死亡。

三、軀幹的要害部位

軀幹是由胸部和腹部所組成的人體主幹，內有人體

的全部臟器。依據人體結構特點，軀幹也存在著不少薄弱環節和要害部位，對這些薄弱環節或要害部位的掐拿與擊打，不但會使對手喪失抵抗能力，而且有的部位可直接損傷臟器，危及生命。

軀幹部要害部位機理及受傷後的生理反應

1. 心口窩：

胸骨下角、中心兩側肋弓與劍突共同形成向下開放的角，俗稱心口窩，即胸骨劍突部位。因劍突後的內臟器官有心臟下部（心室），劍突下緣正好是肝與胃的重疊處，而劍突是軟骨組織，此處又無肋骨保護臟器，所以擊打此處可直接震盪心臟，刺激膈肌與下位肋間神經，使人感覺胸悶，呼吸困難，腹壁劇烈疼痛，喪失抵抗能力。嚴重的可同時引起胃充血、心臟震顫、肝臟破裂大出血而導致昏厥，或直接導致死亡。

2. 心、肝區：

是指胸前壁第 7、8、9 肋骨和肋軟骨連結處，其左側是心臟區，右側是肝臟上部。從人體胸廓結構看，人體第 5～8 肋彎曲度較大，最易發生骨折，尤其是肋骨與軟骨連結處，若受直接暴力擊打，易使心臟受到震盪刺激，嚴重的可出現肋骨的內向骨折，致使心臟、肝臟損傷，導致大量出血而死亡。

3. 兩肋：

即胸廓下部，腰兩側，位於第 11 和第 12 兩游離肋端。因此處肋骨的游離端未與胸骨連結成腔，故遭受擊打

後必向內折曲，又因其右側內部是肝臟，游離肋端內折，會擠壓或刺破肝臟，造成肝損傷直致肝破裂，故兩肋右側不可輕易猛擊。兩肋左側為脾臟，同上述道理，易引起脾破裂而大出血，危及生命。

4. 腋下：

是由肌肉圍成腔隙，其內充滿疏鬆結締組織，是頸部與上肢血管、神經的通路，呈篩狀腋窩有臂叢神經、腋動脈通過。從解剖特點上來說，此處既無肌肉，又無骨骼保護。因此，插擊、掐拿此部位，一般可使對手手臂有放射狀觸電感，從而喪失運動能力。重者損傷神經、血管，造成上肢運動障礙，甚至血腫及其他併發症。

5. 恥骨聯合部：

位於陰部毛際，由於恥骨聯合處有軟骨墊，富有彈性，此處感覺神經敏銳，所以踢擊此部位，不損傷臟器，但引起異常疼痛，使人身體下蹲、直不起腰而喪失抵抗能力。

6. 會陰部：

此處神經非常豐富，很難承受一定的外力打擊。因為盆腔內有重要臟器，如膀胱等，男性會陰部有外生殖器、陰莖、陰囊、睪丸等，此處如受到頂、踢、抓打後，令人疼痛難忍，血壓降低，全身乏力，輕者引起劇烈的疼痛，完全喪失抵抗能力，男性如被重擊，睪丸、膀胱等破裂，易導致休克而死亡。

7. 後心區：

在第五胸椎棘突下旁開1.5寸，而第五胸椎至第九

胸椎之間正好是心區，俗語講：「前心深如井，後心薄如餅。」擊打此區，可直接震盪心臟，並引起突發性窒息，使對手完全喪失抵抗能力，嚴重時震傷心臟造成心臟功能紊亂而直接危及生命。

8. 腹股溝：

位於大腿股部與腹前壁的交界處。腹股溝中段是股動脈、大隱靜脈等重要血管及坐骨神經、生殖股神經、髂腹股溝神經等重要神經的通路，表面無強大肌群保護，因此插切此處，必使對手酸痛難忍，而後坐跌倒。在擒拿的抄腿技法中，常一手抄抱對手腿部，而另一手插壓其腹股溝中段，必使對手後坐跌倒。

第二節　人體薄弱關節結構及受傷後的生理反應

徒手擒拿格鬥主要以人體各部位為武器，應用各種方法進行攻擊的綜合技術，熟悉並掌握人體薄弱關節及受傷後的生理反應就可以更好地為進攻打好基礎。

一、肩關節

由肩胛骨的關節盂和肱骨頭組成，是典型的球窩關節，是人體最靈活、穩固性較差的一個關節。由於關節盂淺，關節囊鬆弛，所以在用力打擊或扭轉時，就會造成關節脫臼或韌帶撕裂。

由於肩關節的活動範圍比較大，在擒拿中一般要配合肩關節周圍神經比較敏感的部位，如掐拿臂叢神經淺支和

正中神經淺支或擊打肩關節周圍鎖骨上窩中段、肩峰、肩胛骨和腋下淋巴等，對這些部位的掐拿和擊打，能夠更好地完成肩關節的擒拿。

二、肘關節

由肱骨遠側端和橈尺骨近側端的關節面組成。由肱尺關節、肱橈關節和橈尺關節近側關節三個關節組成，為典型的複關節。肘關節可做屈伸、旋內、旋外的運動。在完全伸直的情況下，如果向上施加壓力或打擊就會造成脫臼或韌帶撕裂；如果損傷關節附近的一些重要的血管和神經，將使前臂、手部的功能喪失。

肘關節是人體力量較大的關節，對肘關節的擒拿，要配合對肘窩和鷹嘴溝橈神經淺支和尺神經淺支的掐拿，這兩個部位是肘關節神經敏感部位，掐拿這些部位，能使人手臂酸麻，喪失抵抗能力，能有效配合對肘關節的其他擒拿手法。

三、腕關節

由橈腕關節和腕骨間關節組成，兩者構成一個聯合關節。橈腕關節活動範圍較大，由於該關節骨骼小而多，且韌帶薄弱，如用力旋擰容易造成脫臼、扭傷和韌帶撕裂，失去正常功能。腕骨間關節活動範圍較小，如果用力使腕關節過伸或過屈或向兩側扳扯，輕則造成腕關節疼痛難忍，重則造成脫臼或骨折。

在腕關節的內側和外側，分別有神經的淺支經過，掐

拿這些部位，能有效配合對腕關節的其他擒拿手法。

四、指關節

手指關節除拇指為兩節外，其餘四指是由三個短小的指骨連接而成的。指關節能握攏或伸直，活動範圍比較小，而易於前屈。當手指伸直時，用力向後折、扳或向兩側扭撣，很容易造成脫臼和骨折。

拇指與食指間的合谷穴、拇指第一指關節外側、小指第一指關節外側是手指部位的兩大痛覺神經淺支，掐拿這裡能增強對手指擒拿的有效性。

五、髖關節

由髖骨的髖臼和股骨頭組成，是典型的球窩關節，也是人身上最大的關節。

由於髖關節囊的後下壁較薄弱，又支撐人體的重量，如果對髖關節加以反關節方向的重擊，會直接導致髖關節脫位或損傷，重則股骨頭斷裂。但是，由於髖關節的力量較大，周圍有肥厚的肌群保護，在擒拿術中，對髖關節的擒拿運用的比較少。

六、膝關節

由股骨下端關節面、脛骨上端關節面和髕骨關節面組成，是人體最複雜的一個關節，如遭到外力的攻擊或撣轉時就會造成半月板撕裂或韌帶損傷或髕骨壓迫。

膝關節外側凸起處有腓總神經經過、後側為膕窩神經

淋巴叢,擊打這些部位,會造成腿部疼痛難忍,使對手跪地不起,喪失反抗能力。

七、踝關節

由脛骨的下關節面、內踝關節面和腓骨的外踝關節面共同形成叉狀關節窩,以及距骨滑車的關節頭構成。由於外側韌帶較差,當用力使足內翻或擰轉時,可使關節脫臼、韌帶撕裂或喪失正常功能。

踝關節外側的腓神經淺支和內側的脛神經淺支是踢打踝關節的主要部位,對這些部位的踢打,可以造成劇烈疼痛,無法站立支撐而喪失抵抗能力。

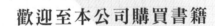

歡迎至本公司購買書籍

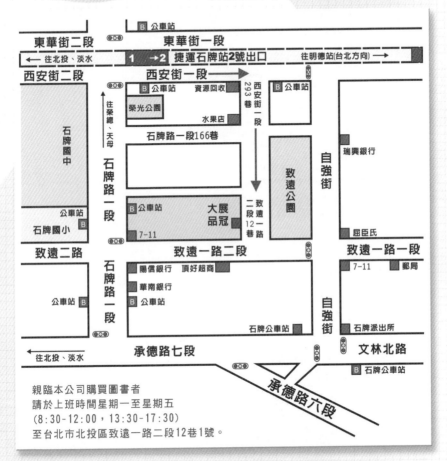

親臨本公司購買圖書者
請於上班時間星期一至星期五
(8:30-12:00，13:30-17:30)
至台北市北投區致遠一路二段12巷1號。

建議路線
1. 搭乘捷運
　　淡水信義線石牌站下車，由月台上二號出口出站，二號出口出站後靠右邊，沿著捷運高架往台北方向走(往明德站方向)，其街名為西安街，約80公尺後至西安街一段293巷進入(巷口有一公車站牌，站名為自強街口，勿超過紅綠燈)，再步行約200公尺可達本公司，本公司面對致遠公園。

2. 自行開車或騎車
　　由承德路接石牌路，看到陽信銀行右轉，此條即為致遠一路二段，在遇到自強街(紅綠燈)前的巷子左轉，即可看到本公司招牌。

國家圖書館出版品預行編目資料

徒手擒拿格鬥術／周直模　主編
——初版——臺北市，大展，2019 [民108.05]
　　面；21公分——（格鬥術；4）
ISBN 978-986-346-245-3　（平裝）
1.武術
528.97　　　　　　　　　　　　　108003379

徒手擒拿格鬥術

主　　編／周　直　模

責任編輯／李　彩　玲

發 行 人／蔡　森　明

出 版 者／大展出版社有限公司

社　　址／台北市北投區（石牌）致遠一路2段12巷1號

電　　話／(02) 28236031・28236033・28233123

傳　　真／(02) 28272069

郵政劃撥／01669551

網　　址／www.dah-jaan.com.tw

E-mail／service@dah-jaan.com.tw

登 記 證／局版臺業字第2171號

承 印 者／傳興印刷有限公司

裝　　訂／眾友企業公司

排 版 者／千兵企業有限公司

授 權 者／北京人民體育出版社

初版1刷／2019年（民108）5月

定　價／380元

大展好書　好書大展
品嘗好書　冠群可期

大展好書　好書大展
品嘗好書　冠群可期